LA
PHILOSOPHIE
DE LA
CERTITUDE

INTRODUCTION À LA MÉTHODE CONSCIENTIELLE

DE M. LÉON DE ROSNY

PAR BOURGOINT-LAGRANGE

ANCIEN MAGISTRAT
MEMBRE DE LA SOCIÉTÉ DES GENS DE LETTRES ETC.

son disciple

PARIS
LIBRAIRIE FISCHBACHER
33, Rue de Seine, 33
1902

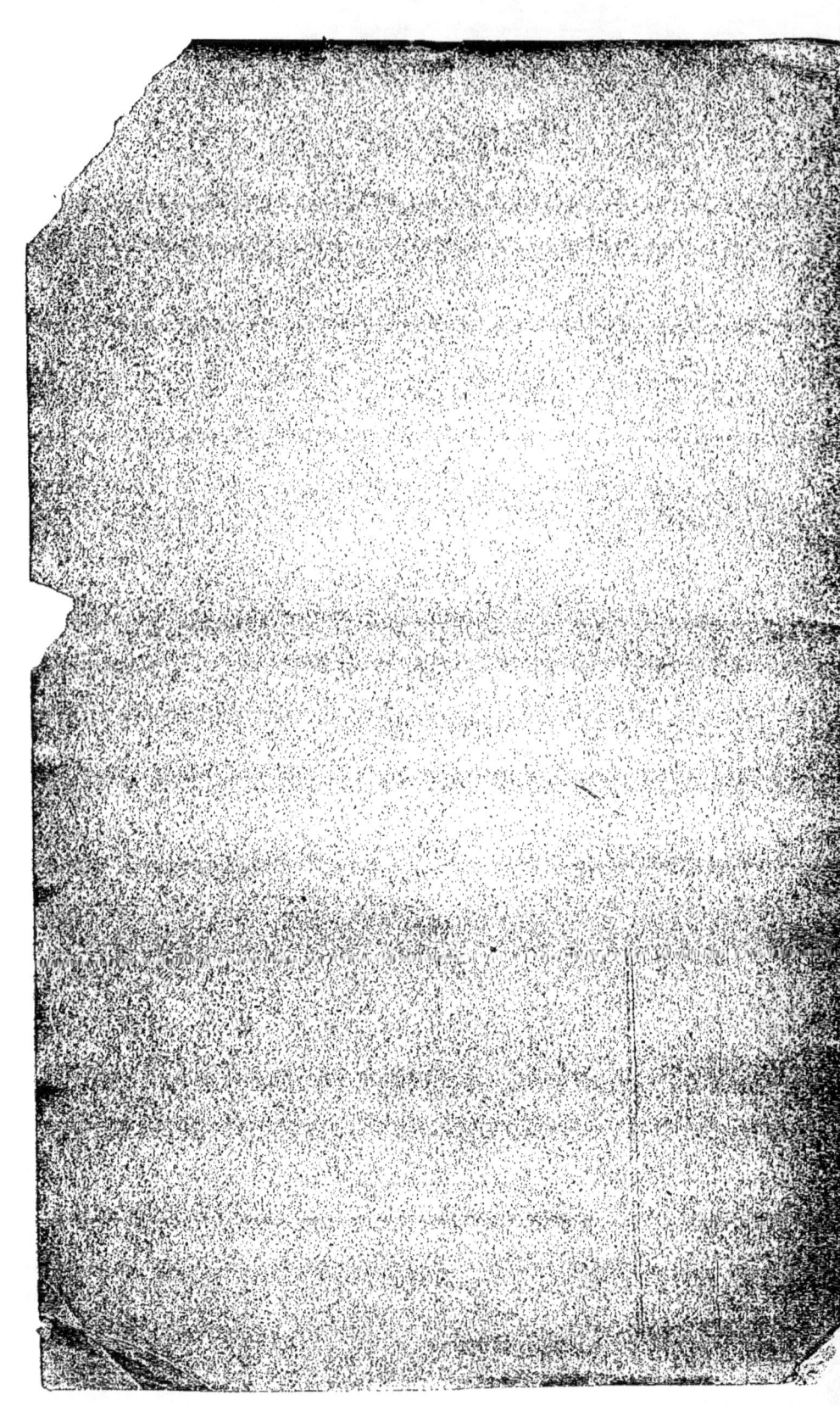

INTRODUCTION

A LA

MÉTHODE CONSCIENTIELLE

Eugène DANGU, Imprimeur

A SAINT-VALERY-EN-CAUX

(Seine-Inférieure)

BOURGOINT-LAGRANGE

LA
PHILOSOPHIE
DE LA
CERTITUDE

INTRODUCTION A LA MÉTHODE CONSCIENTIELLE

DE M. LÉON DE ROSNY

PAR BOURGOINT-LAGRANGE

ANCIEN MAGISTRAT
MEMBRE DE LA SOCIÉTÉ DES GENS DE LETTRES, ETC.

son disciple

PARIS
LIBRAIRIE FISCHBACHER
33, RUE DE SEINE, 33
1902.

AVANT-PROPOS

J'ai entrepris la publication du présent ouvrage pour faire connaître les théories philosophiques de M. Léon de Rosny aux personnes qui hésiteraient à prendre lecture du volume qu'il a publié pour les spécialistes sous le titre de *Méthode conscientielle*. Le succès qu'a obtenu la notice que j'ai fait paraître sur le Bouddhisme éclectique du même auteur, notice qui a été l'objet de huit éditions successives en quelques semaines, me fait espérer que les hommes, — et qu'on me permette d'ajouter les dames, — qui aiment à penser et à réfléchir accueilleront mon nouveau travail avec la même bienveillance. Il me semble en effet que je le fais paraître à un moment exceptionnellement opportun, à un moment où un trouble intellectuel dont on chercherait en vain l'analogue dans l'histoire, s'est emparé de tous les esprits supérieurs, non pas seulement en France, mais jusque dans les régions les plus éloignées des deux mondes.

Lorsqu'a paru la « Méthode conscientielle », elle a obtenu un incontestable et légitime succès, mais seulement chez un petit nombre d'hommes qui avaient consacré leur existence à l'étude des graves problèmes qui y sont traités. Pour bien saisir la haute valeur et la portée des théories qui sont émises, il aurait d'ailleurs été nécessaire de suivre les développements qui leur ont été donnés dans les conférences et dans les articles publiés de côté et d'autre par M. de Rosny. C'est pourquoi, si le temps me l'avait permis, j'aurais joint au présent travail, non seulement un aperçu des conférences auxquelles j'ai assisté, mais encore un résumé de quelques-uns des livres qu'on lui doit et qui traitent de la Philosophie. J'aurais notamment parlé de sa monographie sur le *Taoïsme,* grande doctrine philosophique de l'Asie Orientale dont M. Marceron publie en ce moment, par fascicules, une savante et très utile Bibliographie, de sa *Morale de Confucius,* de son *Traité d'Ethnographie,* etc.

M. Adolphe Franck, l'éminent professeur au Collège de France, n'a pas hésité, dans une communication qu'il a faite à l'Académie des Sciences Morales et Politiques, de qualifier l'œuvre essentiellement originale due à M. Léon de Rosny de « généreux combats soutenus contre les erreurs trop répandues et qui est d'autant plus digne d'intérêt que le point de vue où il se place lui est personnel et atteste chez lui autant de savoir que de bon sens ».

Il était, en effet, à prévoir qu'un ouvrage de cette importance ouvrirait une voie nouvelle à la recherche et à la discussion des grands problèmes de la Nature : il a provoqué d'ailleurs à Paris la fondation d'une École dite du « Positivisme spiritualiste » qui compte déjà de sérieux adhérents et qui, je l'espère, en comptera un jour prochain un nombre considérable. « Cette École, dit le *National* du 26 juin 1879, provoquera bientôt d'ardentes polémiques dans le monde des penseurs et des savants ». On cite, parmi les premiers adhérents de cette nouvelle doctrine, MM. Castaing, le comte de Montblanc et Schœbel. Quelques voix s'élèvent néanmoins pour attaquer les théories de la *Méthode conscientielle*, et l'abbé de Meissas, entre autres, exprima des doutes sur son caractère franchement spiritualiste. Il croit cependant que cet ouvrage est bon à faire lire, surtout aux esprits si nombreux de nos jours que l'École de Littré séduit, dit-il, par ses côtés scientifiques, au point qu'il ne distingue plus les vices de raisonnement entremêlés par elle aux principes les plus exacts et qui versent à sa suite dans les erreurs les plus monstrueuses (1).

---

(1) *Bulletin critique de Littérature*, du 15 juillet 1880.

Quant au journal l'*Univers*, comme on pouvait s'y attendre, il n'hésita pas à déclarer que la doctrine de M. Léon de Rosny n'est pas de son goût ; il trouve notamment que la création du mot *exactivisme* ne se faisait nullement sentir.

Il aurait été également intéressant de dire quelques mots des théories que M. de Rosny a exposées à la Sorbonne à propos de celles qui ont été professées dans l'antiquité par les philosophes de l'Extrême-Orient et en particulier par ceux qui ont jeté les bases de cette grande et étonnante doctrine qu'on attribue communément au bouddha Çâkyamouni. Ces théories eussent eu pour complément, je dirais presque nécessaire, des idées énoncées par le même auteur dans plusieurs de ses communications à la Société d'Ethnographie de Paris et même dans ses fameuses promenades philosophiques ou tchangkramana dont il a été tant parlé dans la presse française et étrangère ; et cela d'autant plus que ces communications ont été des développements postérieurs à la publication du livre que critique le présent travail.

Parmi les théories auxquelles je fais allusion, il m'aurait semblé tout particulièrement désirable de parler de sa doctrine relative à ce qu'il nomme les *zoocosmes* et qui tend à opérer une révolution complète dans les principes adoptés par beaucoup de naturalistes et philosophes en ce qui concerne ce qu'ils appellent « cellules, monades, atomes »; etc. M. de Rosny croit qu'il y a de grands inconvénients à admettre que les cellules représentent l'élément primordial des corps, alors qu'elles sont suivant lui des collectivités dont notre système solaire, par exemple, n'est, malgré son apparente immensité, qu'une aperception des plus minuscules et des plus insuffisantes. Si, dans l'état actuel de nos connaissances, ce qu'on appelle des « cellules », semble représenter le principe des êtres, c'est-à-dire des manifestations constitutives des individualités dans la Nature, c'est uniquement parce que nos moyens d'investigation à l'aide des sens sont encore et seront toujours extrêmement limités. Le microscope que nous employons nous fait voir certainement des choses que nous ne pouvons apprécier à l'œil nu, mais il nous en ferait voir bien davantage si ses loupes étaient dix fois plus fortes, et bien autrement encore si elles étaient un milliard de fois plus puissantes. Et puisque nous avons cité la comparaison faite de la cellule avec notre système solaire, ajoutons que cette comparaison se rattache encore à l'idée de ce que le Maître désigne sous le nom de « épicaloumène » ou centre attracteur et appellateur vers lequel converge un nombre infini d'autres centres appelés « sympléromes » ou centres complémentaires et en quelque sorte agents associés et collaborateurs dans le travail évolutif du Grand Tout.

Comme point de départ de sa théorie des zoocosmes, M. de Rosny a eu l'occasion de discuter certaines théories indiennes, dans leurs rapports avec la philosophie grecque relative à l'origine et à la destination de la matière. Un de ses élèves les plus distingués de l'École des Hautes-Études, M. René Worms, a fait notamment sous sa direction, le 1er juin 1891, une remarquable conférence dans laquelle il a signalé une doctrine suivant laquelle la matière serait sortie « d'un développement, d'un abaissement de Dieu ». Il a exposé, dans cette conférence, une thèse suivant laquelle le Devenir de l'Homme doit nécessairement s'appuyer sur le Devenir de Dieu qui « sera », alors que l'homme, par la sagesse, aura su s'élever à ce que nous exprimons par les mots conventionnels « état divin » (1).

La question de la matière, dans ses rapports avec ce qu'on appelle l'esprit, a été discutée d'une façon non moins intéressante par un autre élève de l'École des Hautes-Études, M. Frédéric Lawton, qui a discuté avec succès l'hypothèse nécessaire, à condition qu'elle soit formulée dans les termes voulus, de la réincarnation des êtres, c'est-à-dire des manifestations logiques de la matière (2).

---

(1) *Le Lotus*, du 5 décembre 1891, p. 42.
(2) *Le Lotus*, n° 20 mars 1894, p. 102 et suiv.

L'auteur de cette conférence a traité ensuite de la question des atomes inférieurs obéissant aux atomes supérieurs dans des conditions conformes à celle qu'a présentées le Maître, lorsqu'il s'est occupé du rôle des épicaloumènes et celui des sympléromes (1).

Enfin, M. de Rosny a associé à sa doctrine des zoocosmes, qu'il associe à la recherche de la notion de l'Infini, des investigations auxquelles il attache la plus haute importance et qui doivent avoir pour but de faire sortir de l'obscurité profonde qui l'environne l'idée de l'individualité et de la personnalité.

Puisque j'ai mentionné tout à l'heure une comparaison en quelque sorte assimilatrice de ce qu'on appelle « la cellule » et de ce qu'on nomme « le système solaire », je ne crois pas inutile de citer l'argumentation dont se sert M. Léon de Rosny pour établir *avec certitude* que, sans aucune exception possible, toutes les planètes de notre système solaire et de bien d'autres systèmes solaires sont habitées. Un jour que quelqu'un demanda à François Arago s'il y avait des habitants dans le soleil, il répondit : « Je n'en sais rien, mais j'en suis sûr ». M. de Rosny surenchérit sur les paroles de l'illustre astronome et ne craint pas de modifier sa

---

(1) *Article cité*, p. 107.

formule dans les termes suivants : « Je le sais et j'en suis sûr. Je ne prétends en aucune façon que les habitants de Mars, de Saturne, du Jupiter et d'Uranus, pour ne pas citer d'autres exemples en nombre infini, ressemblent aux hommes, aux grenouilles ou aux huîtres qui habitent actuellement sur notre globe ; mais je puis dire, au sujet des habitants de ces planètes et de toutes les autres, plusieurs choses importantes et absolument certaines qu'il doit nous suffire de savoir dans la période évolutive que nous traversons ».

A propos d'évolution, M. de Rosny a préparé un livre qu'il voudrait bien avoir le temps de faire paraître avant un très grand voyage qu'il se prépare, dit-il, à entreprendre prochainement. Si son livre vient jamais à paraître, il aura pour titre l'*Opuntia* et traitera de ce curieux végétal dans une cinquantaine de pages au plus, lesquelles seront précédées d'une introduction qui menace de n'en avoir pas moins de 4 à 500. Dans cette introduction, l'auteur s'occupe, à propos de la « Semelle du Pape », des lois évolutives de la Nature universelle.

En fait d'Ethnographie, science dont il aura été dans une large mesure un des principaux créateurs, tout au moins si on l'envisage comme ayant pour but d'étudier les sociétés humaines dans le passé, dans le présent et même jusqu'à un certain point dans l'avenir, il a projeté la composition d'un livre qu'il voudrait intituler « la Transformation des Milieux » ; et c'est pour se préparer à l'exposition de ses idées à cet égard qu'il a imaginé le mot *ambiantisme* et la théorie ethnographique qu'il fait reposer sur ce mot. Il regrette enfin, sur les bords de la tombe, pour me servir d'une expression qu'il emploie, de ne plus oser projeter la rédaction de trois mémoires philosophiques qu'il a en tête et qui auraient pour but d'examiner les graves et très complexes problèmes de « l'étendue », de « la liberté » et de « l'individualité ».

Comme M. de Rosny soutient que les idées qu'il professe ne sont que des résultantes et n'ont rien à faire avec sa personnalité, il se console en pensant que d'autres les énonceront et qu'il aura rempli sa tâche en provoquant leur énonciation. Dans les différents comptes-rendus de sa *Méthode conscientielle,* on a prétendu qu'il avait fait des emprunts tantôt à un philosophe, tantôt à un autre. M. de Rosny est convaincu qu'il a fait des emprunts de tous côtés, souvent même en dehors de ce qu'il est possible de rencontrer dans les livres anciens et modernes. Et si l'on proclame que son œuvre n'a rien de personnel, qu'elle ne lui appartient à aucun titre, il se déclare hautement satisfait. Les coins d'une chambre qui produisent un écho, dit-il en toute simplicité, ne sont point les auteurs et créateurs de ce qui existe dans cet écho; un violon de Stradivarius, qui fait entendre à nos oreilles une musique merveilleuse, n'est en aucune façon le créateur de cette musique ni son inspirateur. M. de Rosny serait très fier qu'on le comparât aux coins d'une chambre favorable pour répercuter des sons utiles ou aux planchettes et aux cordes d'un instrument quelconque capable de bien rendre à l'audition une grande pensée harmonieuse. Et lorsqu'il développe sa manière de voir et d'agir dans une telle voie, il termine souvent son discours par ces paroles de l'Évangile : *Qui capere potest capiat!*

B.-L.

INTRODUCTION

A LA

MÉTHODE CONSCIENTIELLE

En 1887, lorsque M. Léon de Rosny fit imprimer son livre *La Méthode conscientielle,* il lui donna une préface de dix pages seulement. Cette circonstance, à elle seule, est un garant que le livre a de la valeur, car une longue préface donne à penser au lecteur — qu'elle assoupit — que l'auteur éprouve le besoin d'expliquer bien des défectuosités. Méfions-nous des longues préfaces.

En 1887, M. Léon de Rosny exposait que son ouvrage était rédigé depuis vingt-cinq ans, ce qui indique qu'il était terminé en 1862, époque à laquelle l'auteur avait environ vingt-quatre ans. Or, un pareil travail, tout de méditation, demande quatre ou cinq ans de recueillement. C'est donc vers sa vingtième année que notre cher Maître a conçu son plan.

Ici je tiens à ouvrir une parenthèse, parce que

mon École à moi — fussé-je à la fois l'instituteur et mon unique élève — consiste à dire toujours ce que je pense et au moment même où l'idée me vient, de crainte d'oublier d'en parler. Eh! bien, sans vouloir prétendre que M. Léon de Rosny a défini irrévocablement l'origine et les fins dernières de l'Homme, combien d'écrivains portent l'habit brodé de vert et l'épée à poignée d'argent, dont le bagage littéraire ou philosophique, fût-il de cent in-4º, ne pèse pas les 170 pages de *La Méthode conscientielle*.

L'auteur dit : « J'ai toujours hésité à faire paraître ce Mémoire, malgré de précieux encouragements, parce que les questions dont il traite sont d'une gravité telle qu'une existence entière est encore trop courte, non seulement pour les résoudre, mais même pour les poser sous leur véritable jour. » Cette modestie est regrettable, car si elle eût persisté, nous étions exposés à voir se perdre un travail remarquable qui, en admettant qu'il ne donne pas le mot de l'énigme humaine, se rapproche peut-être plus qu'aucun de ceux qui l'ont précédé, de la solution du problème.

Dans sa préface, M. de Rosny dit encore : « J'ai tout d'abord résolu de conserver ces pages dans mes cartons pour me livrer à une œuvre bien autrement considérable et qui aurait été l'application de mes théories à un système unitaire de la nature.

Mais, bientôt, convaincu qu'une entreprise de ce genre ne pourrait être menée de longtemps à bonne fin, que ce qu'il peut me rester à vivre est sans doute insuffisant pour accomplir une tâche que j'aurais dû m'imposer d'une façon exclusive lorsque j'étais plus jeune, je me suis décidé à rendre publique une ébauche remontant aux premières années de mon existence littéraire. »

Cela veut dire que, par excès de scrupule, M. de Rosny consentait purement et simplement à renoncer à l'éventualité d'être, en Philosophie, un chef d'École tout comme Aristote, Hobbes, Descartes, Spinosa, Locke, Kant, Hégel, etc. Il a, heureusement, abandonné cette fâcheuse tendance. Seulement, comme il n'a pas intrigué pour qu'on parlât de son volume — de sa brochure, si l'on veut — voici la quatorzième année que le Mémoire, pour employer l'expression de son auteur, sommeille, ainsi que La Belle au Bois dormant. Il n'est pas nécessaire, par bonheur, d'être un Prince Charmant pour rompre cette léthargie et j'ose espérer que

« ...... moi chétif,
« Qui ne suis roi ni rien »,

comme disait Clément Marot, je serai cependant assez heureux pour décider un certain nombre d'esprits cultivés et curieux des évolutions de la Pensée, à se rendre compte de ce qu'est la Méthode conscientielle, c'est-à-dire le système philosophique fondé par M. Léon de Rosny et s'appuyant sur des bases qu'aucune autre École ne peut se glorifier d'avoir posées.

Notre auteur expose encore ceci : « Il m'a semblé qu'il n'était pas inutile de publier mes idées avant d'avoir cherché à les comparer avec celles des penseurs contemporains les plus distingués. La lecture d'un grand nombre d'ouvrages célèbres sur les lois générales de la nature, aurait, sans aucun doute, amélioré mon essai ; mais il est fort probable qu'en même temps elle lui aurait enlevé ce qu'il peut avoir d'original. »

Je me permettrai d'ajouter qu'en analysant un trop grand nombre d'ouvrages analogues à celui qu'on prépare, on s'expose au péril de reproduire parfois l'opinion d'autrui en se l'attribuant de bonne foi. C'est le danger que courent aussi les poètes qui lisent trop de poésies : il peut leur arriver de reproduire involontairement des vers d'autrui et de devenir ainsi plagiaires par réminiscence inconsciente.

Je relève encore, dans la préface de *La Méthode conscientielle*, ces lignes bien dignes d'attention : « Le matérialisme est professé par des natures très honnêtes, dont le seul tort est de ne pas s'apercevoir que leur croyance ne diffère de celle de leurs antagonistes que parce qu'on fait de part et d'autre usage d'une détestable logomachie ».

Je crie avec enthousiasme : Bravo ! En effet, lancer ce trait incisif, signifiant qu'au fond le Spiritualisme et le Matérialisme ne sont qu'une seule et même doctrine, est un acte d'une audace rare et, en même temps, l'affirmation victorieuse d'une incontestable vérité.

Mais je suis trop l'ami de la Logique et celui de M. Léon de Rosny pour ne pas appeler l'attention de ce dernier sur un passage dont le sens, trop peu précis, — sans que l'auteur s'en soit rendu compte, assurément — peut donner à penser aux personnes qui ne connaissent pas, comme moi, son élève, les pensées de derrière la tête de l'auteur, qu'il est l'adepte de l'une quelconque des théocraties grossières encore en vigueur. Voici ce passage :

« Ma doctrine est essentiellement étrangère à la controverse religieuse. Dans les points où elle diffère de la religion, elle n'émet que des hypothèses qui, au fond, ne sont pas en désaccord avec elle ». Eh ! bien, je prends respectueusement la liberté de faire remarquer à M. de Rosny que cette expression « la religion » est le résultat d'une regrettable distraction de sa part, car qui dit « la religion » autorise à supposer que ces mots signifient pour celui-là « la religion par excellence », c'est-à-dire une sorte de religion officielle ou tout au moins celle de ses préférences, la seule qu'il consente à regarder comme acceptable.

Un autre passage de cette préface nécessite une courte explication. Il est ainsi conçu : « Ce serait un malheur de voir les idées philosophiques s'introduire dès aujourd'hui dans tous les cerveaux ; elles n'auraient rien à gagner et beaucoup à perdre de se mouvoir dans des milieux insuffisamment préparés pour les accueillir avec leur cortège de doutes et d'incertitudes. Il faut à la masse des déclarations absolument précises, absolument arrêtées. La parole convaincue de l'enseignement dogmatique vaut beaucoup mieux pour elle que les réserves de la critique appliquée aux sciences et à la philosophie ». En écrivant ces lignes, M. Léon de Rosny a perdu de vue qu'elles pourraient tomber sous les yeux de lecteurs peu familiers avec les nuances parfois si subtiles de la dialectique et qui, ne saisissant que le gros sens des mots, n'y verraient que l'approbation de cet aphorisme niais d'une bourgeoisie d'autant plus pédante qu'elle est plus ignare : « Il faut une religion pour le peuple ». Telle n'est pas la pensée de M. Léon de Rosny qui entend seulement qu'en fait la majorité des esprits n'a pas encore subi la préparation indispensable à la discussion de questions d'un ordre très élevé qui exigent un long entraînement, si je puis m'exprimer ainsi, et, en quelque sorte, des traditions ataviques.

A l'avant-dernière page de sa préface, notre auteur, cédant à l'impulsion de sa nature tendre et poétique, s'est abandonné à des considérations exquises dans la forme mais dont le fond confine au mysticisme. Le style en est enflammé comme celui de Sainte Thérèse, et cette page isolée, lue par la catégorie de personnes auxquelles je faisais allusion plus haut, aurait certainement pour effet de faire attribuer par ces mêmes personnes, au livre de notre cher Maître, un but fort différent de celui qu'il poursuit. Voici ce fragment :

« Les systématisations les plus vraisemblables des lois de la Nature — celle que je préconise aussi bien que les autres — laissent d'ailleurs subsister dans le cœur humain un vide que l'esprit de recherche n'est pas encore parvenu à combler, et dont le christianisme a seul, jusqu'à présent, su amoindrir les funestes effets. Je veux parler du verbe d'amour qui, des hauteurs du Golgotha, s'est répandu sur le monde émancipé par l'Évangile et dont l'idéal a fait ce qu'elles sont les nations de l'Europe moderne, c'est-à-dire des nations tellement supérieures aux autres peuples du globe qu'on a pu soutenir avec succès la thèse regrettable de l'inégalité des races. L'absence de cette idée d'amour, qui s'exhale d'une façon si pure, si pénétrante, des lèvres du Jésus crucifié, suffit pour compromettre l'avenir d'un système philosophique qui croirait pouvoir la méconnaître et l'oublier ».

Ce langage si élégant, si suave, pourrait être dangereux, comme je l'ai déjà dit. L'affirmation que la légende du Golgotha a émancipé le monde et a fait des nations européennes ce qu'elles sont, paraît assez risquée si l'on se met devant les yeux les misères du prolétariat et si l'on se rappelle que l'esclavage existe encore dans des pays réputés parmi les plus attachés à la foi chrétienne. Pour ce qui est de cette considération que « le Christianisme a fait des nations de l'Europe moderne des nations tellement supérieures aux autres peuples du globe qu'on a pu soutenir avec succès la thèse regrettable de l'inégalité des races », M. de Rosny semble ne s'être pas aperçu que cette observation va tout à fait à l'encontre de sa thèse. En effet, si le Christianisme a créé cette distinction, il s'ensuit qu'il n'a émancipé qu'une portion du monde et qu'il est cause que l'on a discuté sur l'inégalité des races.

J'admire tout ce qui est poétique et sentimental, mais j'estime qu'il faut s'en garer si l'on veut conserver le sang-froid nécessaire aux études purement métaphysiques. Tout penseur, tout orateur, tout professeur, tout écrivain dogmatique, est tenu par devoir et même par intérêt, c'est-à-dire pour être pris au sérieux, d'expliquer les expressions dont il se sert, lorsqu'elles ne sont pas dans le vocabulaire courant et, à plus forte raison, lorsqu'elles sont créées par lui. C'est pourquoi, interprète sur ce point de l'idée de M. Léon de Rosny, j'explique ici qu'il a imaginé l'adjectif *conscientiel* parce qu'il manquait totalement à la langue, le mot *consciencieux* ne répondant pas du tout aux besoins du Maître. Je dois expliquer aussi qu'il l'écrit par un *t* (9ᵉ lettre du mot) parce que cette orthographe est plus conforme à l'étymologie, *conscientia* en latin prenant un *t*. Dans la pensée de M. Léon de Rosny, la Conscience est la faculté psychique spéciale par laquelle l'homme se rend compte de ce qui intéresse son être moral; c'est le phare qui éclaire le for intérieur. On voit que cette Conscience n'a rien de commun avec celle qui est synonyme de probité, soit qu'il s'agisse de probité matérielle, soit qu'il s'agisse de probité morale, c'est-à-dire de sincérité, de scrupule.

Le chapitre premier de *La Méthode conscientielle* est intitulé DU CRITERIUM SCIENTIFIQUE ET DE LA MESURE DANS LAQUELLE PEUT ÊTRE ACQUISE LA CERTITUDE.

M. de Rosny commence par déclarer que la doctrine qu'il va exposer a été, sinon dans son ensemble, du moins dans une partie de ses éléments, la doctrine de bien des penseurs de tous les temps et de tous les pays. Seulement, en matière philosophique, l'idée de synthèse étant l'idée capitale, c'est l'ensemble des raisonnements qu'il faut juger. A ce point de vue, cette doctrine est neuve. Peu importe, d'ailleurs, dit notre auteur (avec une modestie bien rare chez les esprits créateurs), je n'ai point pour mobile une revendication de priorité : « Je désire plaider une cause qui, — ne serait-ce qu'eu égard à ses effets pratiques et immédiats — me semble aussi opportune que possible à gagner en ce moment ».

Faisant bon marché d'un étalage d'érudition qui n'est trop souvent qu'un misérable trompe-l'œil et qu'il est si facile de réaliser — les savants, les vrais savants, ne l'ignorent point — au prix de quelques journées passées dans les bibliothèques en mettant en œuvre le fameux vers

« Il compilait, compilait, compilait »,

M. Léon de Rosny dit mot à mot ceci :

« Je ne dédaigne pas l'érudition; mais je pense inutile d'en faire preuve ici et d'enrichir mes raisonnements de fréquentes citations. Je prétends débuter en ne sachant rien de rien, ou bien peu, ne valant guère rien ».

Non seulement M. de Rosny écarte l'érudition, mais encore il veut faire abstraction de l'existence commune et se soustraire, par une convention conclue avec lui-même, à l'influence des objets extérieurs. Il veut éviter d'adopter, sans s'en douter, la méthode dite de *l'observation* qui, craindrait-il, le ferait tomber dans une série d'idées fausses. Et il dit textuellement ceci :

« Mais comment éviter les influences dépendant de la possession des autres sens, du toucher surtout, dont la capacité est répandue, bien que dans des proportions diverses, sur toute la surface du corps et se trouve intimement unie aux principes même de la vie de notre organisme ? »

Je soutiens, moi, que le sens génésique est un sixième sens, tout au moins chez le mâle. Et je dis à ceux qui prétendent que c'est une variété du toucher, que le goût — avec ce système — est aussi une variété du toucher, car c'est en touchant les aliments que la langue et le palais sont impressionnés.

M. de Rosny reprend ainsi :

« Puisque les sens existent comme un des éléments de mon être, je dois accepter leur concours, me réservant, bien entendu, de régler ce concours avec un je ne sais quoi que je possède en moi aussi bien que mes sens et qu'on appelle *la raison*. Seulement, cette raison n'est-elle pas sujette à me tromper aussi bien que mes sens ? — Je n'en sais rien encore; mais je suis aussi sûr de posséder dans mon être une faculté pour discuter des choses, que je suis sûr d'avoir des yeux pour voir, des oreilles pour entendre, et d'autres instruments pour faire pénétrer en dedans de moi une certaine impression de ce qui existe en dehors de moi ».

L'auteur reconnaît que les sens sont imparfaits et souvent trompeurs. « Quant à ma raison, continue-t-il, j'ai bien une sorte de pressentiment qui me dit qu'à elle appartient le droit de prononcer avec sûreté ; mais je n'ai là qu'un pressentiment, et je me demande bientôt comment je m'y prendrai pour savoir si les déclarations de ma raison sont justes et vraies, ou bien si elles ne le sont pas. Bref, j'ai tout d'abord besoin d'un *criterium*, d'un réactif quelconque, pour vérifier la solidité de mes raisonnements ».

« Je ne puis obtenir ce criterium qu'à la condition expresse qu'il se produise en moi un travail qui me révèle quel doit être son caractère, et m'apporte en même temps l'instrument de la certitude et la certitude que cet instrument est bien l'instrument de la certitude.

« Ce travail ne peut être qu'une opération absolument interne, puisque tout criterium pris en dehors de moi nécessiterait l'appréciation de faits extérieurs, et, par sa nature objective, devrait être lui-même soumis à un jugement que je ne puis admettre comme solide, qu'à la condition d'avoir tout d'abord en ma possession le moyen de juger de sa solidité.

« Puisque c'est en moi, c'est-à-dire dans mon

économie intime, en dehors des impressions extérieures produites sur mes organes d'observation, que je dois trouver le criterium, j'ai donc en quelque sorte à m'abstraire en moi-même et à rechercher ce qui constitue l'organisation intime de mon être.

« Ma nature intime et pensante se traduit en moi par divers ordres de phénomènes. Ces phénomènes, que je ne veux soumettre à l'analyse qu'après avoir obtenu, si je le puis, le criterium dont j'ai reconnu la nécessité, je les désigne, dans leur manifestation collective et synthétique, sous le nom d'âme, sans tout d'abord me préoccuper de savoir d'une façon plus précise ce que peut être ou signifier ce qu'on appelle « âme ».

« Dans cette « âme », dont je ne possède encore qu'une notion vague, mais qui répond très certainement à une puissance effective de mon être, je trouve la faculté de discerner et d'analyser : je l'appelle « raison ». Cette faculté m'aide à distinguer les termes multiples et combinés des problèmes qui me préoccupent. A côté d'elle, j'en trouve une autre, sans cesse en éveil, non moins active et militante que la première, la faculté d'apprécier, basée sur la sympathie (attraction) et sur l'antipathie (répulsion) : je l'appelle « sentiment ». Elle me pousse à grouper les sentiments que ma raison a séparés, à les considérer dans les conséquences de leur association, afin de leur assigner un but.

« Je ne puis douter de la raison ; car si j'en doutais, je serais nécessairement amené à nier toute science, toute philosophie, et à contester à moi, comme aux autres hommes, le droit de discuter quoi que ce soit.

« D'ailleurs, j'ai conscience que j'ai en moi quelque chose qui est la faculté de raisonner ; et si j'ai un doute à énoncer, ce n'est pas sur la légimité de la raison, mais sur la légimité du sentiment qui me fait soutenir que je possède cette raison. C'est donc le caractère du sentiment qui doit me préoccuper.

« Le sentiment se manifeste sous deux formes : Je puis être porté vers un objet par un mobile essentiellement physique, une surexcitation développée au moyen d'une action chimique produite, soit par les combinaisons des éléments moléculaires constitutifs de mon être, soit par l'influence d'éléments extérieurs sur ceux qui font partie de mon organisme.

« En est-il de même lorsque j'éprouve un sentiment d'approbation ou de réprobation pour un acte moral que je suis spontanément porté à déclarer juste ou injuste ?

« On peut dire, il est vrai, que tel acte réputé crime chez un peuple, a été qualifié de vertu chez un autre. Il faudrait probablement en rabattre beaucoup de ce qui a été soutenu à cet égard, et j'aurai l'occasion de revenir sur ce sujet. Mais comme j'ai pris la résolution de ne pas me préoccuper tout d'abord de l'existence de telle ou telle opinion admise ou controversée, je me borne à poser cette question :

« Ne possédons-nous pas, dans notre for intérieur,
« quelque chose qui nous affirme à nous-mêmes,
« que certaines actions sont bonnes ou mauvaises ? »

« A ceux qui répondront négativement, je dirai que je n'ai pas à raisonner avec eux, parce que, du moment où j'entends recourir aux forces de mon organisation intime, je ne dois pas admettre de données contre lesquelles se révolte et proteste cette même organisation intime ; que, partant, je ne puis concevoir de raison sans morale, — voici mon axiome, — et que, par le fait de leur réponse, je les crois inaptes à discuter.

« A ceux qui répondront affirmativement, je dirai : ce sentiment du bien et du mal, ou plutôt la faculté de comprendre, au moyen des forces intimes de notre organisation morale, *le doit être*, — je l'appelle sentiment conscientiel ou conscience rationnelle.

Ce sentiment conscientiel surgit spontanément en nous : il corrobore la raison, comme la raison est corroborée par lui. Dans l'accord de ces deux puissances animiques, — sentiment et raison, — je trouve le contrôle, la vérification de mes concepts, et partant la certitude. Le critérium philosophique, je le rencontre dans la coïncidence des appels de ma conscience avec les jugements de ma raison, ou dans la confirmation de mes concepts rationnels par les verdicts approbatifs de ma conscience ».

Je demande la permission d'émettre une réflexion. Selon moi, il n'y a qu'une règle de morale absolue : *Fais à autrui ce que tu voudrais qu'il te fît*, règle si pittoresquement exprimée dans la fameuse prière de La Hire. Toutes les autres prétendues règles de morale ne sont que des conventions. Toutefois, je reconnais avec M. de Rosny qu'il existe une morale absolue. Et le Maître le démontre lumineusement dans l'avant-dernier chapitre de son ouvrage.

Nous en sommes à un endroit du volume qui traite de points si importants du système philosophique de M. de Rosny, qu'il est essentiel de citer le texte lui-même. En conséquence, je reproduis, sans en rien omettre, toute la fin de ce chapitre. La voici :

« Nous ne connaissons jamais qu'une partie des faits sur lesquels nous avons à raisonner, et ceux qui nous manquent seront, peut être, au moment où nous voudrons synthétiser, une cause de contradiction assez puissante pour aboutir à l'inanité de nos premiers efforts.

« Il est cependant incontestable que je ne puis

commencer à raisonner avant d'avoir acquis une aperception quelconque du monde extérieur. Mon raisonnement sera donc fondé dès l'abord sur l'observation de faits en dehors de moi. Mais cette observation primordiale est au début une observation inconsciente. A cette observation inconsciente s'associe, en quelque sorte spontanément, une intuition toujours rudimentaire, mais en général juste de la raison d'être de ces faits. *Je dis juste, parce que l'intuition possède, par le fait même de sa nature spontanée, indépendante de toute action spéculative de l'individu pensant qui la subit, une virtualité supérieure à la puissance rationnelle de l'être isolé, une force absolue qui appartient à la conscience universelle. L'individu, actif dans ses raisonnements, est passif dans ses intuitions. L'intuition appartient à la portion fatale de son organisme moral, comme le raisonnement à sa portion libre.*

« Cette intuition qui, suivant Schelling, est le point culminant de la philosophie, est, dans ma pensée, comme elle l'a été d'ailleurs dans celle d'Hégel, un degré initiateur de la Connaissance. C'est cette intuition rudimentaire, que la méthode conscientielle doit s'attacher à recueillir, vierge de toute influence étrangère à elle-même. Et du moment où cette intuition a été recueillie, il appartient à l'esprit philosophique d'en scruter les bases, d'en multiplier les assises, et de la porter, en la développant, au faîte de l'édifice rationnel. Ainsi développée, d'accord avec les appels de la conscience et les revendications de la raison, elle devient la *révélation intime*. Devenue la révélation intime, elle est et doit être le guide des investigations ultérieures de l'observation et de l'expérience.

« La méthode à postériorique pure est tout aussi défectueuse que la méthode à priorique pure. L'une et l'autre, en tant qu'exclusives, doivent être condamnées ; et bien que la première soit aujourd'hui presque seule en faveur parmi les savants, au détriment de l'autre, si l'on y regarde de près, on ne tarde pas à s'apercevoir que tous ceux qui cultivent les sciences, — qu'ils fassent profession de n'accepter que l'une ou l'autre méthode, — font en somme un emploi constant de toutes les deux. Leur seul défaut, suivant moi, est de ne pas s'attacher à connaître dans quel ordre et dans quelles conditions il convient qu'ils fassent usage de ces deux méthodes.

En résumé, je suis d'abord attiré par *instinct* vers le monde extérieur. La première période de mon observation est absolument inconsciente. Puis à mesure que je m'attache à cette observation, naît en moi une intuition, résultante spontanée des forces morales cosmiques, intuition dont l'effet est de faire éclore dans mon esprit un pressentiment de la raison d'être de l'objet observé. Cette intuition prépare et génère en moi le *Sentiment conscientiel*.

« C'est alors que doit s'opérer, dans l'économie de mon être subjectif, le travail d'analyse et de raisonnement qui, par son accord avec mon sentiment conscientiel, me conduit à la *révélation intime*.

« Puis j'étudie les faits qui me préoccupent, avec l'instrument intellectuel que je viens d'adapter à l'appréciation de ces faits. Les conséquences que je tire alors de mes observations, ont un contrôle intérieur. L'insuffisance de leur manifestation m'est décelée par les réclamations de la conscience rationnelle que j'ai développée en moi sur leur nature, leur motif et leur but. Si l'observation ou l'expérience révoltent ma conscience rationnelle, j'interjette appel de mes premières conclusions, et je renouvelle l'observation et l'expérience, dans le but de découvrir la cause de ce qui m'a révolté.

« L'examen des faits peut me signaler à son tour, non point une erreur, mais une lacune, une insuffisance dans l'accord que j'ai établi entre mon sentiment conscientiel et ma raison. Je ne considère mon travail comme accompli, que lorsque l'examen des faits m'amène à une solution conforme à cet accord réalisé dans mon organisation intime.

« De la sorte, les deux méthodes à priorique et à postériorique, loin de s'isoler, loin de s'exclure, se combinent et se complètent. Mais l'usage de l'une et de l'autre doit être réglé, parce qu'il n'est pas logique, il n'est pas admissible qu'elles soient adoptées indifféremment à telle ou telle période du travail philosophique.

« La *Méthode conscientielle*, fondée sur l'étude analytique de nos facultés investigatives de la vérité, essaie de déterminer l'ordre suivant lequel ce travail doit s'opérer. »

M. de Rosny, plus logique que maint auteur, est conséquent avec lui-même et ayant intitulé son livre *Méthode conscientielle*, il le conduit méthodiquement dès les premières pages. Ainsi, au début du chapitre II, intitulé POSITIVISME et EXACTIVISME, il part de cette constatation qu'on pense à l'aide de mots et il fait observer que préciser le sens des mots, c'est favoriser le travail de la pensée. Généralisant son observation, il la formule ainsi :

« Plus j'étudie l'histoire de la Philosophie et celle des religions, plus je reconnais combien la marche des idées et le progrès de l'intelligence ont été entravés par les imperfections du langage. Il faut nécessairement, ajoute-t-il, l'accepter — le langage — avec les imperfections qui tiennent de sa nature humaine ; mais il n'est pas aussi nécessaire d'admettre les altérations qu'on lui fait subir par ignorance quelquefois, par sottise plus souvent, par laisser-aller ou par friponnerie plus souvent encore. Et je suis d'avis que le progrès des sciences exige qu'on réagisse avec une extrême sévérité contre tout ce qui tend à faire durer le règne de la logomachie ».

Il y a bien des chances pour qu'un écrivain qui fait, *in limine litis,* une déclaration de principes aussi nette et déblaie le terrain d'une telle façon, continue sa route jusqu'au bout, renverse tous les obstacles et fasse triompher sa théorie comme étant parfaite, en admettant qu'œuvre humaine puisse être parfaite, — réserve que, dans sa bonne foi, M. de Rosny est le premier à énoncer.

Nous sommes en présence d'un savant à la fois logique, modeste et sincère. C'est là une triple garantie de l'attrait que présente la suite du volume et de la quasi-certitude que l'auteur fera passer sa conviction dans les esprits de bon nombre de ses lecteurs.

M. de Rosny reconnaît — proclame même — que le progrès des sciences et les découvertes modernes continuelles exigent la création de mots nouveaux. Il en est de même dans le domaine intellectuel. « Il faut absolument, dit-il, des mots nouveaux pour exprimer des idées nouvelles ». Mais, fait observer l'éminent écrivain « nulle part plus que dans les recherches philosophiques et dans les études de critique religieuse, la netteté dans la signification des mots est indispensable. Et ne peut-on pas affirmer que rien n'est plus variable, n'est plus incertain que le sens qu'on attribue à des mots d'une importance exceptionnelle dans les débats philosophiques, tels que *déisme, athéisme, spiritualisme, matérialisme*. A titre d'exemple, M. de Rosny cite encore « les mots *peuple, nation, nationalité*, fréquemment confondus dans la pratique quotidienne » et il conclut que ces mots devraient avoir « un sens distinct et nettement défini en ethnographie », ce qui a lieu aujourd'hui grâce à son initiative.

Notre auteur ne veut pas développer ce point, car il serait entraîné trop loin. Il se propose seulement d'envisager deux expressions qui lui paraissent répondre à deux nuances utiles à signaler dans la manière de comprendre les sciences et la méthode scientifique dont il s'occupe dans ce travail. L'une de ces expressions est *Positivisme*.

« On en fait un mot qui proteste contre le travail de la raison pure, un mot qui a la prétention d'effacer du domaine de la science la part légitime faite à l'idéal et au sentiment conscientiel. Il en résulte que, pour une foule de personnes instruites, *Positivisme* signifie « appréciation des faits par les sens et réduction du champ de la recherche humaine à ce que peuvent apprécier les sens ». Dans ce cas, un positiviste n'est pas un penseur qui ne veut admettre que des faits certains, mais un homme qui a une foi aveugle dans ce que lui disent ses sens, même lorsque ses sens sont malades, et dans ce que lui disent ses machines, même lorsque ses machines sont déréglées ».

M. de Rosny estime qu'à côté de cette classe de philosophes, il est nécessaire d'en établir une autre. « Et, dit-il, dans cette autre classe que j'appellerai, si l'on veut, les *exactivistes*, je propose d'accueillir seulement les hommes qui n'admettent comme réels que les faits déclarés tels au moyen du criterium interne qui résulte de l'accord des deux faces rationnelles de l'esprit humain : la face rationnelle passive ou puissance conscientielle et la face rationnelle active ou puissance analytique et déductive ». Cette théorie a été acceptée par Claude Bernard et par d'autres savants qui ne l'ont jamais abandonnée.

Voici comment M. Ch. Schœbel, lauréat de l'Institut, qui fut professeur d'allemand de Claude Bernard, raconte la conversion de l'illustre physiologiste à la doctrine philosophique de M. de Rosny, dans une brochure intitulée l'*Ame humaine :*

« Claude Bernard, dont je pourrais écrire la biographie morale, était embarrassé pour savoir qu'elle était au juste la base du criterium expérimental. Une circonstance fortuite a paru le fixer à cet égard, au point qu'il affirme dans son ouvrage principal *(Introduction à l'étude de la Médecine expérimentale)*, que, « dans la méthode expérimentale, comme partout, *le seul criterium réel est la raison* ». Comment lui était venue cette conviction ? Je ne saurais le dire avec une entière certitude ; mais voici ce qu'il m'a raconté :

« Je me suis promené l'autre jour (c'était en 1860), avec M. de Rosny, sur la place du Panthéon, et nous avons eu ensemble une longue conversation sur des sujets philosophiques. Ce qui m'a frappé, c'est l'insistance avec laquelle ce jeune homme est revenu sur ce qu'il a appelé l'unique principe philosophique acceptable, et qui serait que le criterium vrai est le criterium intérieur ».

« Et Claude Bernard ajouta vivement : « Ce que M. de Rosny m'a dit là est juste. » — « En effet, conclut M. Schœbel, il fallait bien que la maxime lui convînt, puisque son ouvrage capital, publié en 1865, la répète et l'inculque sous forme d'axiome ».

A mon tour, j'ajouterai un détail que je tiens de M. de Rosny : Cette promenade sur la place du Panthéon eut lieu, autour du monument consacré aux grands hommes, par une belle nuit d'été, de huit heures du soir à quatre heures du matin. Claude Bernard se fût laissé tuer, comme Archimède, plutôt que d'abandonner son problème et M. de Rosny aussi.

Je reprends l'examen de la *Méthode conscientielle*. M. de Rosny adopte le mot *exactiviste* dont il se servira, déclare-t-il, pour l'exposé de doctrines où il désire éviter des malentendus.

« La méthode de l'*exactiviste*, continue M. de Rosny, consiste à ne jamais faire usage de faits douteux ou hypothétiques, sans les déclarer tels ; à ne jamais laisser subsister à la fin d'un raisonnement, une hypothèse mentionnée dans les prémisses, qu'à charge d'en démontrer l'exactitude ou de la faire sortir du cadre du raisonnement ; à n'accorder enfin l'*exequatur* qu'aux théories tout à la fois d'accord avec les appels intérieurs de la conscience qui nous donne le pressentiment spontané du vrai, du bien et du beau *nécessaires*, et les concepts élaborés par la raison. Il pourra certainement arriver par hasard à l'*exactiviste* de négliger de se conformer d'une manière absolue à ces préceptes — *errare humanum est* — ; mais, dans ce cas, il aura manqué à la règle à laquelle il a décidé de se soumettre, et son devoir le plus impérieux sera de reconnaître ses égarements et de tout faire pour rentrer dans la voie nettement délimitée dont il aura eu le malheur de s'écarter un instant ».

Notre auteur intitule son chapitre III : DE LA NATURE UNIVERSELLE. Il expose qu'il étudie ce grand problème depuis bien des années et qu'il a conçu le projet de condenser ses idées, à cet égard, dans un système où toutes les questions qui s'y rattachent seront au moins énoncées et mises à la place qu'elles doivent occuper dans une œuvre de synthèse philosophique. Pour l'instant, il lui semble qu'il suffit d'indiquer le sens général qu'il attache aux mots « Nature universelle » à seule fin d'éviter, dit-il, le péril d'être mal compris et de voir sa méthode condamnée par suite de malentendus.

Voici la définition sommaire adoptée par M. de Rosny :

« Sous le nom de *Nature universelle*, je comprends, non point l'ensemble des corps qui existent dans l'univers, mais la loi active et logique qui préside à l'évolution de ces corps, et dont ces corps sont la formule. Je m'engage sur un terrain délicat, dangereux même, je le sais. La recherche du grand problème de la Nature a des inconvénients pour l'organisme intellectuel, comme la contemplation du soleil a des inconvénients pour l'organisme de la vue. J'ai cependant pleine confiance dans l'appréciation des esprits honnêtes et libres de préjugés ».

J'aspire à obtenir de M. de Rosny qu'il admette que cette loi s'étend à l'évolution des esprits qui, à mon humble avis, ne sont autre chose que de la matière subtile, c'est-à-dire de la substance *quintescentiellement* raréfiée. Qui sait si l'âme n'est pas une sorte de périsphère qui nous enveloppe, au lieu d'être, comme on nous l'enseigne, une sorte de noyau mystérieux, prisonnier de notre pulpe corporelle.

Je ne saurais rappeler trop souvent que l'étude à laquelle je me livre n'est qu'une analyse destinée à inspirer la saine curiosité de lire le livre de M. de Rosny. Par conséquent, à moins de transcrire ici des chapitres entiers, je suis obligé d'omettre des points très importants. Notamment le passage où l'auteur déclare qu'il croit à l'inséparabilité de la loi dont il vient de parler, et des corps, et celui où il affirme sa conviction que la force est inhérente à tous les corps ou se manifeste dans toutes les agrégations moléculaires qui constituent les corps.

Ici, M. de Rosny déclare : « Mais il n'existe pas un corps spécial, une substance qui soit la force et qu'on puisse isoler ou croire isoler, comme on isole l'oxygène ou l'azote. » Peut-être convient-il de se réserver, à ce sujet. L'étude de plus en plus approfondie de ce qu'on nomme encore — improprement — l'électricité, pourrait bien prouver un jour que cet agent quasi-mystérieux est précisément la Force proprement dite. Déjà on la qualifie d'électricité dynamique, du mot grec *dunamis*, puissance. Je proposerais — si j'étais quelque chose dans le conseil des savants — de la désigner par ce vocable : *la Physirome*, de *phusis* « nature » et *romè*

« force ». Physirome signifierait, conséquemment : *Force de la Nature*.

J'en suis à un endroit du livre dont l'analyse est particulièrement difficile pour le psychologue. Je dirai même qu'il est impossible d'en faire une analyse rigoureusement exacte, à moins d'avoir entendu l'auteur développer sa pensée, comme je tiens à l'obtenir de tout savant qui m'accorde un entretien avec autorisation de lui poser toutes les questions qui me paraissent utiles. Toutefois, je vais essayer en renvoyant ceux qui me feront l'honneur de lire ces lignes, aux pages 28 à 38 de la *Méthode conscientielle*.

M. de Rosny pose en thèse générale qu'il se fait en nous, lorsque notre esprit va porter un jugement sur un objet quelconque, un travail psychologique « qui précède le travail de la raison » et que ce premier travail appartient à ce qu'il appelle « la Nature universelle ». Et l'auteur annonce qu'il va expliquer comment « ce verdict » est quelque chose de plus que la résultante des influences de l'atavisme et des milieux, qu'il est même quelque chose de tout à fait différent. » Il affirme ensuite que « ce jugement se manifeste chez l'être réfléchi, avant qu'il ait fait un acte quelconque de liberté, quel que soit d'ailleurs le sens qu'on attache au mot liberté ».

M. de Rosny pose également en thèse générale

que « par le fait que ce jugement anticipé appartient à la Nature universelle et impersonnelle, il présente des garanties de perfection qui pourraient difficilement exister au même degré s'il était l'œuvre d'une individualité dans la création ». A propos de ces mots « individualité dans la création », M. de Rosny déclare qu'ils ne le satisfont pas complètement, « mais qu'il se borne, pour l'instant, à se servir du vocabulaire habituel avec les acceptions communément en usage ».

Je déclare, moi aussi, me résoudre à en user ainsi, non seulement dans la présente étude, mais dans toutes les circonstances de la vie.

M. de Rosny continue et dit : « Le jugement pré-rationnel est du ressort de ce qu'on appelle d'ordinaire *la morale*. Ce mot « la morale » ne satisfait pas non plus M. de Rosny qui constate que sa signification n'a jamais été bien définie. « D'habitude, fait-il remarquer, il veut dire « la pratique du bien », mais il reste à savoir ce que c'est que « le bien ». Notre auteur annonce qu'il va essayer de définir le bien réel et il s'exprime ainsi, en substance : « Si j'agis uniquement, comme être individuel, dans les limites étroites de ma personnalité et de mon égoïsme, le bien est ce qui tourne à mon avantage. J'imagine qu'il est des intérêts communs à moi et à d'autres individus et je trouve avantage et sûreté à établir que mes semblables sont placés dans une situation identique à la mienne. L'idée de société naît de ce calcul. La morale fondée sur de pareilles bases n'a rien de nécessaire et la conscience intime ne l'impose ni au sentiment ni à la raison. Ce n'est pas le bien réel, le bien absolu qui diffère du bien conventionnel ou bien relatif, en ce sens que ce dernier n'a pour objectif que le seul intérêt de l'individu, tandis que le bien absolu a pour objectif l'intérêt général de la Nature universelle ».

« La morale, qui est la pratique du bien, conclut M. de Rosny, est dès lors la subordination aux lois de la Nature universelle ».

Je suis complètement d'accord avec M. de Rosny et, longtemps avant de connaître le livre que j'analyse, j'avais formulé mon opinion en ces termes : « Selon moi, la seule Morale absolue consiste dans la mise en pratique de ce précepte : « Faites aux « autres ce que vous vous voudriez qui vous fût « fait ». Partant de là, le Bien, c'est ce qui profite à autrui, ou, comme on dit dans certaines religions, au prochain. Or, comme Tout-le-Monde est le prochain de chacun, faire le Bien, c'est agir pour l'avantage du plus grand nombre, et comme on fait partie soi-même de Tout-le-Monde, faire le Bien, c'est par contre-coup, travailler à son propre profit ».

L'auteur de la *Méthode conscientielle* aborde la

question de la Liberté. Il constate en premier lieu que chez l'individu elle est subordonnée à tous les accidents, à toutes les défectuosités, à toutes les insuffisances de sa condition physique et morale. Il est soumis aux conséquences de l'atavisme et des milieux. Il en subit d'autres encore. La même fatalité à laquelle l'homme est soumis du côté matériel, préside à certaines manifestations de son côté intellectuel et moral.

M. de Rosny est convaincu « qu'il existe pour les actes de l'esprit, comme pour les évolutions de la matière, des lois absolues qu'aucune individualité ne saurait jamais amoindrir ou transgresser. Ces lois, qui étendent leur juridiction sur l'esprit, s'imposent à ses premiers concepts, et ce sont elles qui provoquent le jugement pré-rationnel, jugement à tous égards indépendant des conséquences de l'atavisme et des milieux. » Il fait observer, à la même page, que les progrès des sciences biologiques et physiologiques démontrent que les lois de l'esprit ne sauraient être considérées comme absolument étrangères aux lois de la matière.

Je ne puis me dispenser de citer textuellement le passage suivant, parce qu'il contient une portion notable de la doctrine de l'auteur :

« Du moment où la puissance logique de la Nature agit sur les corps comme sur les esprits, il est bien évident qu'elle doit agir d'une façon absolue, invariable. Absolue, invariable, elle est aussi, par ces motifs, strictement entraînée dans une voie conforme aux exigences de développement de tous les êtres et de toutes les choses. Elle serait infaillible dans ses manifestations, dans les résolutions intellectuelles qu'elle provoque, si l'organisme qui doit en subir l'influence et traduire le fait de cette influence par une formule extérieure n'était pas imparfait et gêné dans son travail de réflexion intime et d'expansion au dehors par l'insuffisance de ses forces compréhensives ; en d'autres termes, si les rouages de son for intérieur n'étaient pas, par moment, hors d'état d'agir à l'unisson et avec les qualités effectives qui leur appartiennent virtuellement.

« La liberté ne saurait exister pour la satisfaction des caprices de l'individu. En revanche, je démontrerai que, malgré ses chaînes, elle existe en réalité, mais qu'elle existe seulement dans les sphères supérieures de l'évolution intellectuelle de la créature ; qu'elle existe parce qu'elle est indispensable dans une œuvre, — celle de la Nature universelle, — qui est et sera éternellement en devenir ; que si elle n'existait pas, la Nature universelle serait inerte, sans progression, sans avenir ; que lors même qu'on voudrait attribuer à son immutabilité le caractère de la perfection inaltérable, cette œuvre serait inutile et sans raison : en un mot, qu'elle n'existerait pas, parce qu'elle ne pourrait pas exister.

Le chapitre IV du volume a pour titre : Des forces morales cosmiques.

L'auteur fait observer, au début, que ce problème est l'un des plus délicats et des plus difficiles de la philosophie. Il s'agit, en effet, d'expliquer comment l'esprit et la force, dont nous avons conscience, mais auxquels nous ne saurions attribuer une forme, peuvent s'associer à la matière et l'influencer. Dans tout ce chapitre, M. de Rosny se livre à des raisonnements si serrés et si logiques — bien que, peut-être, certains d'entre eux, d'ordre secondaire, il est vrai, soient susceptibles d'être modifiés, — qu'il est manifestement en voie de passer de la notoriété à l'illustration. M'étant proposé de rendre, par cette analyse (quoique succincte) la doctrine de M. de Rosny compréhensible pour les personnes d'une instruction des plus ordinaires, — et cela grâce aux plus grands efforts afin d'être d'une clarté absolue, — je vais tâcher de résumer ledit chapitre, sans rien lui ôter de ses éléments essentiels.

« La matière est indestructible, dit M. de Rosny, en ce sens qu'aucune de ses parcelles ne périt au cours des mille et mille transformations qu'elle subit. Mais ce qui peut être détruit, c'est la condition d'être de cette matière, le système de combinaison de ses molécules et l'on conclut que l'être, l'individu, ne résultant que d'un système de combinaisons de la matière, l'être lui-même n'existe plus lorsque ce système a cessé d'exister ». M. de Rosny se demande s'il faut appliquer ce raisonnement au problème de l'esprit. Il opte pour l'affirmative et il discute la question comme suit :

« Si l'esprit est soumis aux mêmes lois que la matière, il est anéantissable dans ses combinaisons, immortel et indestructible dans son essence. Prenez un homme, composé d'os et de chair, coupez-le en morceaux, écrasez ces morceaux, broyez-les, brûlez-les, jetez-en les cendres au vent, rien de ce qui constituait cette chair et ces os ne sera anéanti : leurs éléments se seront répandus dans la nature et auront pris place dans de nouvelles combinaisons. Que sera devenu son esprit ? De deux choses l'une : ou son esprit est un élément unique ou il résulte d'éléments multiples. S'il est un élément unique, la transformation causée par la mort sera bien peu de chose puisque, unique, l'esprit ne sera pas condamné à la division et restera, par conséquent, ce qu'il était à l'origine. Si, au contraire, l'esprit résulte d'éléments multiples, ces éléments se disperseront dans la nature, mais chacun d'entre eux n'aura pas cessé d'être lui-même et aura conservé le privilège de l'indestructibilité ». Dans le premier cas, l'immortalité de l'âme serait prouvée. Dans le second, il resterait à établir que, parmi les éléments multiples de l'esprit, il en est un qui constitue l'individualité de l'être disparu.

Que M. de Rosny me permette de lui soumettre une hypothèse. J'ai dit plus haut que je considérais l'esprit comme de la matière subtile quintessenciée. Je complète cette opinion — toute spéculative quant à présent — en la précisant, et je dis : l'esprit est peut-être la matière poussée au suprême degré de l'affinage et amenée, d'épuration en épuration, à être un corps simple. Partant, n'est-il pas admissible qu'au moment de la désagrégation des parties constitutives du corps, il devienne libre comme chacun des autres éléments qui le composent et rentre, selon les exigences de l'évolution générale de la Nature universelle, dans une nouvelle combinaison ? Laquelle ? C'est à étudier. Si l'on n'adopte pas l'hypothèse de la formation de l'esprit par l'affinement progressif de la matière, je prie qu'on veuille bien me dire à quel moment l'esprit s'incorpore à l'individu et ce qu'il devient exactement — et non théologiquement — après la mort de l'être qui l'abrite.

A cet endroit, notre auteur déclare que pour arriver à projeter quelque lumière sur cette question, il va tenter « une analyse des caractères de l'esprit et de la force, dans leurs rapports avec la notion de l'individualité et avec celle de la Nature universelle ». Et il s'exprime ainsi, sinon toujours textuellement, du moins en substance :

« L'Univers, au sein duquel l'homme est un microcosme, représente lui-même un immense organisme à la fois divisible et infini. Cet organisme étant divisible, chacune de ses parties doit être un élément coopérateur et nécessaire de l'ensemble. Différemment, il y aurait, dans la constitution générale de l'Univers, une cause perpétuelle de trouble et de désordre qui rendrait bientôt impossibles les conditions de rapport entre les êtres. Or, les sciences démontrent que ces conditions de rapport sont positives. Pour que chaque manifestation du grand organisme ne soit pas une cause de désordre, il faut en plus qu'elle possède virtuellement, c'est-à-dire à l'état latent, caché, secret, en d'autres termes à l'état d'embryon, de germe, ou de *devenir*, toutes les puissances génératrices de ce qui existe ou doit exister. Il résulte de ce raisonnement que chaque fraction de ce grand organisme doit être un monde distinct, un monde à part, régi par des lois identiques à celles du tout, ou du moins harmoniques et concordantes avec celles de ce tout ».

J'ouvre une parenthèse pour faire observer que M. de Rosny n'a pas encore expliqué le sens de *microcosme*. Cette expression, dérivée de deux mots grecs *(micros*, petit, et *cosmos*, monde) signifie :

petit monde, ou *monde en petit*, *monde en réduction*, si l'on veut.

M. de Rosny continue : « On pourrait invoquer l'argument tiré des désordres apparents de la nature pour faire adopter cette conclusion qu'à côté des forces actives, logiques, il existe des forces entravantes, désorganisatrices, qui s'opposent à la continuité régulière du grand travail de l'Univers. M. de Rosny ne juge pas cette objection suffisante pour troubler l'économie de son système et pour l'empêcher de marcher en avant. Il ne s'y arrête donc pas, afin de ne pas multiplier les parenthèses qui feraient perdre de vue le but vers lequel il se dirige. Plus tard, il discutera le problème des phénomènes « fastes et néfastes » des puissances créatrices et destructives dans l'Univers et démontrera que ces puissances opposées ne nous paraissent exister que parce que nous nous sommes fait une fausse conception de la Nature, de ses exigences et de ses procédés. Il examinera, en même temps, la vieille théorie du *dualisme*, c'est-à-dire de la notion de deux forces adverses, de deux puissances, le Bien et le Mal, « notion, dit M. de Rosny, qui s'empare de l'esprit à une certaine période de son développement, mais qui disparaît plus tard, parce qu'elle n'a pas de raison d'être durable si elle ne se complète pas bientôt par une formule synthétique ».

L'Univers est donc un composé polycosmique. J'en demande pardon à ceux qui savent le sens de ce mot, mais mon but étant de contribuer à faire connaître la méthode conscientielle même aux moins lettrés, je tiens à ce que ceux-ci, comprennent, comme les plus savants, la signification des expressions employées. Eh ! bien, *polycosmique*, du grec *polus*, plusieurs, et *cosmos*, monde, veut dire : « formé de plusieurs mondes ». « L'Univers, continue notre auteur, est, en outre, régi par un système infini de centres d'attractions dont les découvertes de la Science nous révèlent, chaque jour, de nouveaux exemples ».

Il est des philosophes qui commencent par échafauder leur système et qui, durant toute leur existence, s'efforcent de tout faire concourir à la justification, bien plus, à la glorification de leurs conceptions. Loin de moi de suspecter leur bonne foi. Ils ont jugé, de bonne foi, d'une certaine façon et, dupés par cette illusion si essentiellement humaine qui nous porte à croire excellent ce que nous avons conçu avec sincérité, ils ne démordent jamais de leur idée. Ces philosophes sont exposés, d'une manière presque fatale, à voir leurs systèmes échouer complètement. Et la preuve c'est que, de nos jours aucun d'entre eux n'a été acclamé comme chef d'École.

M. de Rosny, procède tout différemment : il

dissèque chacune de ses propositions, la passe à l'étamine, lui fait même subir l'épreuve du feu, et, pour peu qu'elle ne s'adapte pas géométriquement aux principes généraux de la Méthode déjà définitivement adoptés par lui, après vérification de leur bon aloi, il la rejette, ou tout au moins il la modifie de façon à ce que, rendue conforme aux bases posées et désormais immuables, elle cadre très exactement avec celles-ci.

En procédant ainsi, il y a de grandes chances pour que les propositions qu'il agrée définitivement soient d'une logique absolue. Et c'est là un gage de sécurité pour les consciences des disciples présents et futurs de M. de Rosny. Aussi le Maître attachera-t-il son nom à la *Méthode conscientielle* qui subsistera à travers les âges, sinon peut-être acceptée par tous, du moins suivie par de très nombreux adeptes dont l'ardente conviction et le zèle actif la feront à jamais resplendir.

A l'appui de mon affirmation qui porte sur la pratique constante de M. de Rosny consistant à n'enregistrer ses propres propositions qu'après un contrôle rigoureux, je résume ici un passage de notre auteur. Il dit (page 46, vers la fin) qu'il va essayer d'éclaircir un problème d'une importance capitale « ou du moins, ajoute-t-il, de définir en quels termes il convient de le poser ». Ce problème est le suivant :

« Tout point de l'espace, dit M. de Rosny, ou plutôt tout atome, est l'embryon d'un cosme (1) qui résultera pour l'atome des agrégations moléculaires qui se formeront autour de lui. Cette manière de voir ne saurait être contestée, et il me sera tout au moins loisible de dire qu'il ne viendra à l'idée d'aucun philosophe de soutenir qu'il existe dans la nature des molécules isolées et faites pour demeurer isolées.

« Dans la théorie dont j'ai indiqué plus haut les rudiments, j'ai posé en principe que le travail actif de la raison était précédé par une sorte de jugement spontané, indépendant de la volonté de l'homme et qui empruntait sa puissance à la *Nature universelle*. Je comprends combien il serait désirable, avant d'aller plus loin, de donner une définition claire et précise de ce que j'entends par ce mot. Je ne saurais cependant aborder ici, dans son ensemble, le grand problème de ce que je nomme la « Nature universelle ». Un tel problème est de ceux qui s'éclaircissent d'âge en âge par le travail de la pensée, mais qui ne doivent jamais être résolus que d'une manière relative. Je l'étudie depuis bien des années, et, depuis bien des années, j'ai conçu le projet de condenser mes idées à son égard dans

---

(1) Du mot grec κοσμος « monde ».

un système où toutes les questions qui s'y rattachent seront au moins énoncées et mises à la place qu'elles doivent occuper dans une œuvre de synthèse philosophique. J'ignore si j'aurai jamais le temps d'accomplir un projet auquel se rattachent toutes mes ambitions, mais dont l'immensité même n'est pas sans me causer de vives inquiétudes. Pour l'instant, ma tâche est moins lourde, et il me semble qu'il suffise d'indiquer le sens général que j'attache aux mots « Nature universelle » à seule fin d'éviter le péril d'être mal compris et de voir ma méthode condamnée par suide de malentendus.

« Tout atome moléculaire cherche à attirer d'autres atomes qui se trouvent momentanément dans des conditions évolutives différentes de celui auquel ils s'agrègent. L'opération, qui se produit en pareil cas chez l'atome attracteur, a pour but de faciliter son développement, d'élargir sa zone d'expansion, de le rendre plus actif et plus fécond. Les molécules qu'il s'annexe ont pour effet de le compléter et de lui donner une somme de perfection relative. Je désigne l'atome qui provoque l'agglutination par le terme d'*épicaloumène* (1) et ceux qui s'unissent à lui, en tant que n'agissant pas pour leur propre compte, sous le nom de *symplèromes* (2).

---

(1) Du grec *épicalouménos* « appelateur ».
(2) Du grec *sumplérôma* « complément ».

« A l'état rudimentaire, ou plutôt aux degrés inférieurs de l'échelle des combinaisons moléculaires, les molécules attirées semblent n'avoir pas d'autre but que de fortifier l'épicaloumène, d'augmenter la force et la portée de sa puissance attractive dont il aura par la suite un besoin croissant et de plus en plus formel, jusqu'à ce qu'enfin il soit parvenu à la somme totale du perfectionnement qu'il est susceptible d'acquérir dans le milieu où il a provoqué des agrégations. L'attractibilité, durant cette phase en quelque sorte élémentaire de son existence, ne s'élève guère au-dessus du phénomène de la nutrition (en donnant bien entendu à ce mot le sens le plus large qu'on puisse lui appliquer); plus tard, cette attractibilité deviendra un mobile de reproduction, c'est-à-dire de génération.

« En d'autres termes, à mesure que les agrégations moléculaires deviennent de plus en plus complexes dans leur économie, l'attraction « complémentaire » s'accroit en portée et en valeur, jusqu'à ce qu'en fin elle ait accompli toutes les conditions nécessaires à l'évolution complète du microcosme.

« L'être microcosmique ne procède évidemment pas d'une manière exclusive par voie d'agrégation moléculaire : il se complète également par l'adjonction de forces militantes qu'il emprunte aux éléments agglutinatifs qui se groupent autour de lui. D'où il résulte que les mêmes phénomènes qui se produisent dans l'ordre matériel doivent se produire dans l'ordre psychique. De la sorte, l'être microcosme s'élève dans les sphères d'activité de la Nature universelle par un accroissement simultané de puissance physique et de puissance compréhensible et conscientielle.

« Les résultats de la physiologie moderne, quelques considérables qu'ils soient, sont cependant encore très insuffisants pour expliquer comment la force ou la volonté se transmet à la matière ; et je trouve que c'est un singulier faux-fuyant pour élucider la difficulté de se borner à dire que la force est inhérente aux corps (1). Il n'y a cependant aucune raison de nier la possibilité de résoudre le problème de ce « comment ». Nous ignorons jusqu'à présent de quelle façon la volonté arrive à mettre en mouvement les appareils de la locomotion ou du moins à transmettre au système nerveux l'impulsion qui doit se traduire en mouvement. Nous n'en savons pas davantage, quoiqu'on puisse prétendre, au sujet de la manière dont l'organisme de la vue transporte dans l'esprit la notion des formes et des couleurs. Nous ne doutons cependant pas qu'une opération

---

(1) A ceux qui se bornent à dire « la force est inhérente aux corps », sans plus ample démonstration, il faut tout simplement rappeler le mot ironique de Molière : « l'opium fait dormir parce qu'il a une vertu dormitive ».

mentale suffise pour provoquer le mouvement là où la sensibilité de l'économie physiologique est restée ce qu'elle doit être, c'est-à-dire dans un rapport normal avec le cerveau. Nous ne doutons pas davantage de l'aptitude des forces encéphaliques à modifier la charpente osseuse du crâne et même de quelques autres parties du corps. Il ne serait peut-être pas logique de nier l'aptitude de la pensée à multiplier à son tour la somme atomistique des éléments constitutifs de l'encéphale.

« Or, qu'elle est la nature de cette puissance psychique qui, non seulement met la matière en mouvement, mais encore augmente la substance même nécessaire, sinon à l'éclosion, du moins au développement de la pensée ? C'est assurément une force absorbante et sans cesse extensive et perfectionnable. Elle ne peut être autre, ce me semble, que la résultante directe de besoin qu'éprouvent les êtres de se compléter et de se compléter en s'harmonisant de plus en plus avec la Nature universelle. Cette force, je l'attribue indistinctement à tous les atomes en tant qu'ils agissent comme épicaloumènes. Les symplérômes n'agissent autrement que parce qu'ils ne sont pas encore arrivés à un état d'émancipation suffisante ; mais ils agissent à leur tour comme épicaloumènes, dans une sphère plus infime de l'évolution générale. Les phénomènes comparés de l'attraction et de l'altruisme viennent tous également à l'appui de cette théorie ».

M. de Rosny avait dit que les symplérômes ne procèdent autrement que parce qu'ils ne sont pas encore arrivés à un état d'émancipation suffisante. L'éminent philosophe estimera peut-être qu'il sera utile, dans les éditions futures de son livre et dans ses leçons orales, d'expliquer ce qu'il entend par cet « état d'émancipation suffisante ».

Notre auteur passe à l'étude de l'Instinct et de la Révélation intime. On se souvient qu'il pose en principe qu'en toute circonstance « un jugement prérationnel s'opère chez l'homme d'une manière en quelque sorte fatale et indépendante de la puissance réfléchie de l'être individuel ». Le chapitre que nous abordons, a pour objet d'examiner dans quelle mesure l'instinct et la révélation intime se rattachent à ce « jugement prérationnel », M. de Rosny ne confond pas l'instinct avec le sentiment prérationnel, bien que l'un et l'autre agissent sans que l'individu ait fait un acte quelconque de volonté. Quant à la Révélation intime, elle ne peut se manifester que lorsque l'homme a éprouvé tout à la fois le sentiment prérationnel et mis en œuvre les ressources de ce qui est en lui la Raison.

Je ne puis, on le comprend, suivre l'auteur pas à pas, car alors je serais obligé de tout citer et, dans ce cas, il serait plus simple de renvoyer au livre. Ceci dit pour expliquer que je suis contraint, par la nature même de mon travail, qui est l'analyse, d'omettre de nombreux passages, pourtant très intéressants. Telle une photographie donne l'idée de la personne, mais ne remplace point l'original.

M. de Rosny définit ensuite l'Instinct. Il déclare vouloir éviter de désigner sous le même nom plusieurs phénomènes différents et demande, pour empêcher des malentendus, qu'on veuille bien — ici du moins — attribuer, à ce mot le sens qu'il essaie de préciser. Je dois citer en entier ce passage parce qu'il expose des points bien déterminés de la doctrine propre à M. de Rosny.

« L'*Instinct* est une action spontanée, surtout mécanique, soit dans une ou plusieurs parties d'une agrégation cosmique, soit dans cette agrégation tout entière, à l'effet de garantir son existence et de conserver sa puissance évolutive. Le travail qui s'accomplit, lorsque l'instinct se manifeste, peut trouver son éclosion sur une partie seule de l'organisme et n'aboutir ensuite que d'une façon insignifiante et en quelque sorte nulle sur l'épicaloumène directeur de l'organisme. Développés au moyen du système nerveux ou de tout autre canal de communication interne, les effets de l'instinct peuvent s'affaiblir et s'éteindre même, tel qu'un son dans l'espace, avant d'avoir abouti au centre du système, et, en conséquence, ne point agir pour le compte général de l'être constitué. Il est tout au moins, essentiellement personnel et ne se relie que par les liens les plus fragiles aux puissances d'attraction altruiste de l'univers.

« On dira de la sorte avec justesse : « l'instinct de la conservation », ou bien « l'instinct sensuel », ou bien « l'instinct de la famille » ; mais on ne dira pas « l'instinct de la vérité », « l'instinct des lois de la nature ». Le langage, si souvent imparfait, si souvent insuffisant pour l'exposition des idées philosophiques, refuse parfois de s'associer aux idées fausses et impertinentes. Nous en avons la preuve dans le cas présent. Les deux exemples que je viens de donner de l'emploi du mot « instinct » suffisent, je crois, pour écarter toute incertitude au sujet de la manière dont il convient d'en faire usage. C'est en conformité avec cette manière de voir que je compte l'employer dans cette étude.

« Le caractère de l'instinct est d'être indépendant de toute action consciente de l'individu, et il en est de même du sentiment prérationel : une différence profonde sépare cependant ces deux phénomènes. La différence résulte de ce que l'instinct, comme je viens de l'exposer, n'a pour mobile que l'intérêt personnel, tandis que le sentiment prérationel a pour ressort l'intérêt de la Nature universelle. Le premier, d'ailleurs, n'a guère de portée au-delà du besoin de conservation des agrégats existants ; tandis que le second s'associe simultanément aux évolutions nécessaires des agrégats actuels et des agrégats en devenir ou des agrégats futurs. Il serait donc aussi regrettable que possible de confondre deux ordres de phénomènes qui ne répondent pas à la même période du développement des êtres ».

Je me permets ici de hasarder une réflexion : Si j'ai bien compris la théorie du Maître, le sentiment prérationnel serait comme l'*Instinct intellectuel*, l'*Instinct moral*, pour employer un adjectif peu précis mais qui rend bien ma pensée.

M. de Rosny ne s'étend pas beaucoup plus sur l'instinct — il y reviendra plus tard, s'il y échet — et il passe à la *Révélation intime*, en avertissant le lecteur qu'il emploie ce mot comme on emploie un déterminatif spécifique dans les classifications naturelles, c'est-à-dire « sans qu'il croie à une séparation réelle, absolue, entre les phénomènes relatifs à cette révélation et les autres phénomènes d'une portée moindre qui sont également du ressort de l'intelligence ou de la volonté ».

D'après M. de Rosny, l'être pensant est donc passif, au moment où un sujet d'appréciation vient à se présenter à son esprit. Il subit d'abord l'impression prérationnelle et aussitôt il se dispose à la discuter. Ensuite, il n'est passif que dans une faible mesure, mais il l'est encore en ce sens, qu'il subit l'influence de l'atavisme et des milieux quand il veut juger de sa première aperception. Mais il est actif et fait acte de liberté lorsqu'il met en ordre comme il l'entend les concepts qui dérivent de cette double influence et s'efforce de leur donner une formule synthétique. « Je crois, dit textuellement notre auteur, que c'est ainsi qu'il convient d'entendre l'idée de liberté sur laquelle j'aurai d'ailleurs l'occasion de revenir, et je pense que cette idée n'est pas amoindrie par ce seul fait que la liberté, telle que je la conçois, n'existe pas pour la satisfaction du simple caprice, n'existe pas là où elle n'a pas de raison d'exister ».

On a vu que je suis un réel admirateur de la philosophie si élevée de M. de Rosny et de sa méthode non seulement *conscientielle,* mais encore consciencieuse. Ce n'est pas pour me reprendre mais pour affirmer simplement que je ne suis point un bas courtisan, que je fais, parfois, des réserves sur certaines propositions du Maître, réserves qui n'ont d'ailleurs d'autre but que de réclamer la lumière plus complète sans toucher au fond ni à l'ensemble de la doctrine. Ici, je formule une de ces réserves : Qu'est-ce qui prouve que l'homme met en ordre librement et, suivant l'expression de M. de Rosny, « comme il l'entend », les concepts dont il s'agit ? En d'autres termes, qu'est-ce qui prouve positivement, *exactivistement* (puisque l'adjectif *exactiviste* a été créé) l'existence de la Liberté ?

Peut-être ce que nous croyons être la liberté n'est, comme tout le reste, qu'une des manifestations de l'évolution générale de la Nature universelle.

Je reprends mon examen de la *Méthode conscientielle*. Nous en sommes à l'explication de la Révélation intime. A quel moment du travail intellectuel peut se présenter cette révélation ? Le Maître va nous le dire. La thèse se pose ainsi : Intervention des facultés rationnelles, à la suite des manifestations de l'instinct. M. de Rosny en expose ainsi l'entrée en scène :

« Si j'agis comme être individuel, — et il entre dans ma doctrine de soutenir que je puis agir autrement, — si j'agis pour la satisfaction de mes besoins égoïstes, l'instinct suffit à la rigueur pour me diriger et me faire aboutir à mes fins. L'instinct néanmoins, par sa nature spontanée, mécanique, indépendante de tout effort militant, ne saurait avoir une action continue, progressive : il se manifeste tout d'un jet. Les facultés rationnelles, qui ne consentent jamais à abdiquer complètement et qui ne tardent point à intervenir, se présentent bientôt pour apprécier, discuter les impulsions de l'instinct, soit pour les seconder et les fortifier, soit pour les atténuer ou même pour les réduire à néant. Il n'est pas impossible que, durant cette phase d'éclosion, ce qui n'avait été d'abord que la signification d'un besoin tout à fait personnel ne vienne à s'élargir, à se transformer même et à s'associer à quelque besoin connexe avec les revendications de la Nature universelle. Dès lors, l'instinct aura été le point de départ de tous les efforts d'investigation et de raisonnement que l'Être réfléchi est susceptible d'accomplir.

« Au moment où se présente à l'esprit une idée solidaire avec les lois de la Nature universelle, le sentiment prérationnel se manifeste tout d'abord. Ce sentiment sera d'autant plus net, d'autant plus précis, d'autant plus fécond, il aura d'autant plus de force et d'activité, que l'objet de la recherche ou de la préoccupation sera moins personnel, moins individuel. Le dégagement des impulsions égoïstes pourrait, à cette période, assurer à la Révélation intime, qui ne va pas tarder à se présenter aux organes de l'esprit, une puissance dont il serait sans doute téméraire de limiter l'étendue.

« C'est alors qu'il faut faire appel au verdict de la raison et chercher à établir son accord avec les exigences de l'être moral et conscient. Si cet accord s'établit, les phénomènes prérationnels et spontanés de l'intelligence se renouvellent et la Révélation intime ne tarde pas à éclore. L'opération peut s'accomplir d'une façon plus ou moins lente, plus ou moins complète, plus ou moins définitive ; il peut y avoir avantage à la recommencer plusieurs fois. Mais, dès lors, il n'y a plus à craindre qu'elle vienne à dévier en dehors des voies de la vérité. Elle peut fournir des déclarations insuffisantes ! elle ne fournira jamais des déclarations erronées.

« Le sentiment conscientiel procède de la sorte du Fatal pour aboutir à la Liberté. C'est à lui qu'il appartient surtout de régler la part imprescriptible des revendications de l'être moral en face des exigences nécessaires de l'ordre universel. Je dis « régler », car il est de la nature même du sentiment conscientiel de connaître du vrai à l'aide du criterium interne de la certitude ; et du moment où il connaît du vrai, il peut énoncer avec confiance les lois *primordiales* qui sont du domaine de l'univers ».

Il était absolument nécessaire de citer ce passage sans en retrancher un seul mot, car il contient une des principales théories qui constituent la *Méthode conscientielle*. Désormais, je serai plus sobre de citations textuelles, parce que notre auteur traitera, le plus souvent, d'idées reçues ; par conséquent, une analyse très sommaire suffira, la plupart du temps. Mais lorsque cela sera utile, je m'appesantirai sur l'exégèse de la doctrine et reproduirai en partie la rédaction de l'auteur.

Pour commencer, selon cette seconde manière de procéder, je me borne à indiquer que, au début du chapitre VI (De la Liberté et des idées préconçues), M. de Rosny se contente de rappeler que, suivant la notion vulgaire attachée à la manifestation de la Liberté, du choix, c'est-à-dire au fait de se décider dans un sens plutôt que dans un autre, ce fait ne dépend pas d'autre chose que du caprice de l'individu, « c'est-à-dire d'une volonté ne relevant que d'elle-même, sans lien avec le monde ambiant ». Et le Maître fait observer qu'une telle liberté, soustraite aux lois de la Nature universelle, ne serait qu'une cause de désordres qui ferait obstacle à la marche régulière et progressive des choses. Il est donc nécessaire de reconnaître un autre genre de liberté.

M. de Rosny poursuit : Lorsque je me demande si je veux ou si je ne veux pas accomplir un acte déterminé, l'influence des milieux, l'influence de l'atavisme viennent peser sur ma décision. Alors j'examine le pour et le contre, puis je me décide. Cet acte intellectuel est bien, ce me semble, ce qu'on appelle communément la Liberté. Mais cet acte ne résulte en somme que des pressions faites sur mon esprit par les circonstances où je me trouve, par l'état de mon organisme et les dispositions que cet état donne à mon cerveau, par l'éducation que j'ai reçue, par les notions que j'ai acquises. A cet endroit, le Maître s'exprime ainsi, en substance : Il lui semble que le problème à résoudre est de savoir ce que c'est que « le moi » et dans quelle mesure « le moi » existe réellement en dehors du reste de la Nature universelle. Ici, nouvelle obligation de reproduire le texte :

« Si « le moi », dit notre auteur, existait d'une manière absolue en dehors de la Nature universelle, la question de la liberté serait tranchée d'une façon affirmative. Au contraire, si la personnalité n'est rien autre qu'une manifestation, *en voie de devenir*, des éléments constitutifs du grand Tout, si cette manifestation n'a qu'une réalité relative (une statue de marbre seulement ébauchée peut être considérée comme n'étant encore qu'une pierre), la Liberté, elle aussi, est relative ; elle est relative, plus ou moins, suivant la période d'évolution de l'organisme chez lequel elle se produit ; sa destinée est d'être d'abord entièrement solidaire des influences de cet organisme, d'en devenir ensuite la régulatrice, et de retourner peu à peu à l'état passif, au fur et à mesure que l'Être en se perfectionnant arrive à se confondre et à s'identifier avec les lois générales de la création ». J'avoue que j'aurais préféré l'expression « la Nature universelle » à celle de « la Création » qui suppose nécessairement un créateur et je crois que M. de Rosny, comme Laplace, n'a pas besoin de cette hypothèse.

Je sais, par les déclarations verbales de M. de Rosny, qu'il a renoncé au mot *création*, abandonné généralement aujourd'hui, même par les « créationnistes ».

Le Maître continue : « Le problème de la Liberté s'il n'est pas associé à celui de la Nature universelle, doit entraîner et entraînera toujours des malentendus ». Ils ne se produiront pas si l'on tient compte de ce principe : Lorsqu'il s'agit des lois générales de la Nature universelle, la méthode à-priorique seule est compétente ; lorsqu'il s'agit de manifestations de ces lois, c'est la méthode à-postériorique qui doit être employée.

Comme je me suis donné pour but de contribuer à faire comprendre la doctrine de M. de Rosny par les moins lettrés, à la seule condition qu'ils sachent lire, il faut bien que j'explique parfois des expressions savantes qui échappent à M. de Rosny, en vertu de cet adage qu'on juge instinctivement les autres d'après soi. Eh bien ! les mots « méthode à-priorique » signifient la méthode interne, c'est-à-dire celle qui consiste à prendre une décision d'après l'impression que l'on ressent en soi *de prime abord*, ce qui est précisément la traduction des mots latins *à priori*. Et les mots « méthode à-postériorique » signifient la méthode expérimentale, c'est-à-dire celle qui consiste à ne prendre une décision qu'en s'appuyant sur l'expérience, et en n'agissant qu'après avoir délibéré avec soi-même, car les mots latins *à postériori* signifient *après coup, postérieurement*.

M. de Rosny continue : « L'être pensant est libre lorsqu'il cherche à s'associer aux lois de la Nature universelle ; il est, au contraire, passif, lorsqu'il participe à ses accidents ». Toutes les fois qu'il s'agit d'opérer un travail de sélection (1), c'est l'*épicaloumène* ou centre d'activité directrice du *microcosme*, de l'individu qui dicte la résolution à prendre.

M. Léon de Rosny pose ensuite cette question : « L'être qui réfléchit sur un problème, qui classe les arguments que l'étude lui fournit pour ou contre telle ou telle solution possible en réalité ou en apparence, est-il soumis au même genre d'influence de milieu, d'atavisme ou autre, que l'être qui agit sans réflexion, comme sans étude ? ». Et il répond, en substance, ce qui suit : Chez le premier, l'abondance des arguments le soumet à plus d'influences extérieures que n'en subit le second dont la décision est en quelque sorte spontanée et le rend passif d'une façon inconsciente. Mais les arguments qui assaillent le premier finissent, à cause de leur abondance même et des contradictions qui s'en dégagent, par ne peser d'un poids réel sur la décision à intervenir que parce qu'ils

---

(1) Sélection veut dire « choix, triage ».

se combinent de façon à prendre un caractère synthétique. « La synthèse qui se produit, conclut le Maître, elle du moins, appartient incontestablement à celui qui l'a conçue; l'œuvre préparatrice et génératrice de cette synthèse est ce que j'appelle la Liberté. En résumé, la Liberté n'existe chez l'individu que dans la faculté qui lui appartient de régler les influences extérieures et de les mettre d'accord avec les appels de la Révélation intime. C'est dire peut-être que la Liberté ne saurait exister que dans les plus hautes organisations qui ont conquis par la culture de la conscience une certaine somme d'émancipation intellectuelle. L'homme enfin ne saurait avoir d'autre liberté que celle qui consiste à ouvrir de plus en plus larges et sciemment les écluses d'où s'échappent les inspirations émanant de la Nature universelle ».

M. de Rosny passe aux *idées préconçues* : « On ne cesse, dit-il, de pousser des cris d'horreur contre les idées préconçues et pourtant on ne pense jamais sans avoir des idées préconçues ». La guerre qu'on leur fait est presque toujours une œuvre d'hypocrisie. « Il ne s'est jamais produit de grande doctrine dans le monde, dit-il textuellement, sans qu'une idée préconçue n'en ait fourni le germe, n'ait servi à son incubation, n'ait présidé à sa naissance, et ne se soit ensuite tenue en éveil sur les bord de son berceau ». On confond « idée préconçue » et « parti-pris ».

Si l'idée préconçue, dit-il, a pris naissance, dans des conditions normales, c'est-à-dire à la suite d'un accord entre le sentiment prérationnel et la raison, il n'y a pas à redouter qu'elle nous égare. Est-ce à dire qu'il faille se laisser conduire par elle aveuglément ? Non. La conduite à tenir n'est pas douteuse si l'on suit avec soin les préceptes de la méthode conscientielle. S'agit-il de l'énonciation d'une loi générale, c'est-à-dire d'un principe évolutif de la Nature universelle, l'idée préconçue est alors légitime si elle résulte du travail des différents genres de concepts que nous avons en nous et dont j'ai essayé, dit le Maître, d'indiquer l'ordre sucessif de coopération. L'idée préconçue, au contraire, est illégitime et par conséquent dangereuse, lorsqu'elle intervient durant l'observation ou pendant le cours de l'expérience, de manière à modifier où à altérer les constatations déjà si incertaines de nos sens et de nos machines.

Notre auteur termine ce chapitre par une observation de nature à rassurer les esprits de ses disciples relativement au rôle qu'il convient d'accorder en philosophie aux idées préconçues. Voici cette observation : « Il appartient à la méthode concientielle de n'accepter leur concours que lorsqu'il n'est pas attentatoire à la régularité de sa marche et au respect de ses principes ».

Les réserves — rares d'ailleurs — que je fais sur certains points de l'ouvrage analysé, étant la marque certaine que mes éloges sur l'ensemble de la doctrine sont inspirés par une entière sincérité, je fais remarquer ici que M. de Rosny a omis de nous indiquer à quels signes on reconnaît les idées préconçues, car, pour mettre en pratique le conseil qu'il vient de nous donner, il est évidemment indispensable de pouvoir procéder à ce contrôle.

Le chapitre VII traite de l'OBSERVATION ET DE L'EXPÉRIENCE.

Ces chefs d'étude tiennent une place trop considérable dans la philosophie de M. de Rosny pour que je m'expose, en donnant leur définition analytiquement, à les altérer malgré moi. Je reproduis donc le texte de l'auteur :

« L'*Observation*, dit-il, consiste à rechercher, à l'aide des sens, les particularités caractéristiques des choses : elle ne peut s'effectuer un seul instant sans qu'il s'accomplisse un travail simultané dans l'intelligence qui cherche à comprendre et à apprécier ».

Je reprends mon analyse. L'intelligence est, pendant toute la durée de l'observation, soumise à l'influence des milieux et des données acquises, et c'est seulement par la faculté de raisonner qu'elle arrive plus ou moins sûrement à dégager le fait dont elle s'occupe des circonstances qui en modifient le caractère. Sans ce secours, l'Observation serait une cause perpétuelle d'erreurs. Mais M. de Rosny va plus loin et soutient que l'observation dirigée par le raisonnement seul — c'est-à-dire sans qu'il soit fait usage des moyens de vérification que nous fournit le criterium conscientiel — aboutirait le plus souvent à des résultats non moins faux, à des conclusions imaginaires ou fantaisistes.

« L'*Expérience* consiste, d'après M. de Rosny, à altérer artificiellement et d'une façon consciente et réfléchie, la condition d'être des objets qu'on cherche à connaître, dans le but de tirer des conséquences de ces altérations ».

Mon devoir d'abréviateur est de m'en tenir à cette définition de l'Expérience qui l'envisage à un point de vue tout spécial. Autrement, je serais obligé de faire remarquer que cette définition est trop absolue, car l'Expérience ne consiste pas toujours à altérer artificiellement la condition d'être des objets qu'on cherche à connaître. Mais nous savons maintenant que c'est sous cet aspect que M. de Rosny l'envisage et nous pouvons le suivre sur ce terrain, tant il est vrai que la Logique est sage dans l'obligation qu'elle impose de *définir les termes*.

L'Observation et l'Expérience, dit le Maître, reposent avant tout sur la comparaison. C'est, en effet, par la comparaison, qu'on arrive à saisir les particularités distinctes et caractéristiques des objets. Mais pour cela il faut : ou bien comprendre dans le travail de l'observation tous les objets où la particularité observée peut exister d'une façon plus ou moins analogue ; ou bien chercher en dehors des faits eux-mêmes, et par conséquent dans notre organisation intime, un principe général qui soit de nature à grouper sous une simple formule les analogies *nécessaires* des particularités observées. Le premier procédé est impraticable, on le conçoit. M. de Rosny déclare qu'il sait très bien que l'École expérimentale prétend qu'il suffit d'examiner un objet sous toutes ses faces, dans toutes les conditions possibles, pour qu'on puisse aussitôt déduire et conclure. Mais, objecte-t-il, les « faces » d'un objet sont innombrables ainsi que les conditions sous lesquelles il peut être examiné. Et le Maître n'hésite pas à dire, avec une autorité dont il serait malaisé de diminuer le prestige : « Les savants qui ont acquis une grande notoriété dans l'art de l'observation et de l'expérience ont tous fait usage, d'une façon plus ou moins complète, plus ou moins avouée, de la méthode à laquelle j'ai donné le nom de *Méthode conscientielle*. Le nom seul n'a pas été employé : peu importe ; c'est de la chose en elle-même qu'il faut se préoccuper ».

Malheureusement, dit M. de Rosny, les hommes supérieurs qui ont employé cette méthode ne se sont pas toujours rendu compte de ses règles et de ses principes. Je dirai, à mon tour, qu'ils ont agi comme M. Jourdain qui faisait de la prose sans le savoir.

D'après le Maître, l'Observation peut, dans une très faible mesure, être pratiquée sans parti-pris, sans idée préconçue. Quant à l'Expérience, elle est dirigée par une idée préconçue qu'on cherche à vérifier mais qui n'en pèse pas moins sur tous les préparatifs et sur toutes les phases de l'opération. L'opérateur agit en vertu de données qu'il a acquises et qui le dominent, à moins que son raisonnement ne vienne atténuer cette domination. L'Observation est si bien une œuvre de raisonnement que si les sens procèdent sans le concours de celui-ci, il n'en résulte aucune impression nette et durable sur l'intelligence. C'est d'abord, continue le Maître, avec les yeux que j'observe. Mais regarder machinalement, sans faire intervenir un concept quelconque, pour chercher à m'expliquer ce que je vois, c'est comme si je ne regardais pas — du moins au point de vue scientifique. — Si, au contraire, je regarde avec l'intention arrêtée de voir juste, j'éprouve, dans mon cerveau, un trouble que je m'efforce de dissiper. Pour y réussir, je demande à mon être intérieur ce que je vois : je compare, je classe. Qu'est-ce que je classe ? Je classe des faits transformés en idées et nullement les faits eux-mêmes. Mais classer des faits que je ne comprends pas encore, loin de m'éclairer, n'aurait pour résultat que d'agrandir en moi le trouble encéphalique. Et le Maître dit textuellement : « Un travail intérieur et conscient devance donc tout acte d'observation — et tout acte d'observation est la conséquence d'une idée préconçue ». Comme c'est là un des points fondamentaux de la doctrine de M. de Rosny, je me borne à l'énoncer en empruntant au philosophe sa propre formule. Mais, tout en déclarant que j'ai, sur ce point, la foi du charbonnier qui croit sans discuter, je fais très respectueusement mes réserves, désireux de ne me prononcer soit pour l'affirmative, soit pour la négative, ou bien encore pour une modification de la formule de nature à la faire accepter par acclamation, comme la plupart des aphorismes de notre auteur.

M. de Rosny fait cette remarque : « Plus je m'attache à atténuer les idées préconçues, plus j'essaie de faire prédominer l'action exclusive de mes sens, plus je deviens incertain sur la validité de mes observations ». Il reconnaît que des instruments créés par le raisonnement suppléent parfois à l'insuffisance des sens et il prend comme exemple le télescope. Mais les instruments, dit-il encore, suppléent à l'insuffisance des sens d'une façon tellement incomplète qu'on ne serait pas plus avancé en y ayant recours, si le travail qui s'opère dans le for intérieur ne comblait sans cesse des lacunes tellement nombreuses que, sans ce travail, on ne pourrait détruire l'ensemble défectueux des observations accomplies.

M. de Rosny se livre ensuite à de profondes considérations sur l'insuffisance des moyens d'investigation dont nous disposons pour arriver à connaître non seulement les mondes en dehors de notre planète, mais même les principaux phénomènes qui s'accomplissent sur celle-ci. A ce sujet, le Maître propose l'exemple suivant :

« Nous voyons, dit-il, un corps dans l'espace, le globe terrestre, qui opère des révolutions et se meut suivant des lois déterminées : Est-il possible que ce corps sidéral n'ait pas une raison d'être, une destinée ? Et pour qu'il ait une raison d'être, une destinée, ne faut-il pas qu'il s'y développe des organismes perfectibles ? Ces organismes ne doivent-ils pas exister dans des conditions analogues (ce qui ne veut pas dire identiques) à celles des corps qui nous entourent et dont nous pouvons plus aisément nous former une idée » ? Partant de là, le Maître déclare que, — pourvu qu'il s'agisse de lois fondamentales — il doit nécessairement y avoir unité de processus dans la Nature universelle, et que les principes essentiels de la création doivent être fatalement les mêmes sur tous les points de l'infini.

Je crois devoir citer ici, textuellement, les dernières lignes de ce chapitre :

« La science expérimentale apporte d'ailleurs, à l'appui de cette manière de voir, bien plus d'arguments qu'il n'est nécessaire pour justifier la théorie de l'unité dans le grand Tout, théorie qui résulte du raisonnement et que l'observation n'a pas encore complétement justifiée, mais qu'elle justifie chaque jour davantage, ainsi qu'il est facile de s'en convaincre en suivant attentivement les acquisitions journalières de la science la plus précise et la plus rigoureuse. L'unité dans les lois de la mécanique céleste, les rapports de densité des corps élémentaires, la présence de ces mêmes corps dans des planètes lointaines, et une foule d'autres découvertes qu'il serait trop long d'énumérer ici, viennent de jour en jour démontrer la valeur des concepts à-prioriques de l'esprit.

« En résumé, l'observation et l'expérience doivent servir d'assises à la recherche humaine ; mais pour que ces assises soient solides, pour qu'on puisse s'en servir avec sûreté en vue d'élever le grand monument de la science, il faut qu'elles soient établies suivant un plan logique dont la méthode conscientielle s'attache à définir les règles fondamentales. Le rôle de la philosophie à-priorique doit s'arrêter dès qu'on commence à réunir les matériaux de l'édifice. C'est alors que débute et se continue le travail de l'observation et de l'expérience. Mais pour que ce travail soit solide, il est indispensable que la méthode conscientielle serve sans cesse chez l'architecte à éviter les écarts funestes qu'on pourrait faire dans la mise en œuvre de ses desseins. C'est là tout ce que j'ai en vue d'établir ».

Le chapitre VIII de la *Méthode conscientielle* est intitulé : Lois et manifestations. Je considère comme indispensable d'en citer mot à mot les premières lignes, parce que l'analyse, par la suppression ou la réduction d'une phrase, par l'omission ou le déplacement d'un seul mot, est susceptible de dénaturer la pensée d'un auteur.

Ce chapitre VIII débute ainsi :

« Les lois dans la Nature sont les règles logiques, c'est-à-dire conséquentes avec elles-mêmes, qui gouvernent les choses, et dans la doctrine que je professe, les règles qui constituent l'ordre universel et assurent l'accomplissement de l'*idée* sur laquelle repose la constitution des mondes.

« L'univers est, à mes yeux, une formule de l'absolu qui est sorti de l'unité immobile et inactive de son essence, afin de se reproduire lui-même avec les attributs méritoires de la vie militante et de la liberté.

« Cette idée, je le reconnais, n'est rien autre qu'un

pur concept, indépendant de l'examen des faits, mais qui n'est pas non plus contredit par eux ; elle résulte d'un raisonnement en accord avec le sentiment conscientiel qui nous porte à imaginer une raison d'être nécessaire du grand phénomène de l'existence et du mouvement dans la Nature. Je soutiens, — et j'établirai s'il le faut, — que cette idée n'est pas moins solide, n'est pas moins scientifique que celles qui ont été énoncées sur le transformisme et, en un mot, sur tout ce qui a trait à l'évolution de la matière dans le grand travail de la Nature universelle ».

A cet endroit, M. de Rosny fait observer que les hommes supérieurs, placés à l'avant-garde du progrès, comprennent que leur valeur réelle dépend du travail de leur pensée, et il rappelle que les maîtres de la science ont à cœur, dans leurs écrits, de prouver qu'ils sont capables d'idées générales ; et les idées générales auxquelles ils ambitionnent d'attacher leur nom, sont toujours des concepts empruntés aux forces de leur organisation intime.

Reprenant son travail d'exégèse, le Maître dit ceci : « Un système de l'Univers, si l'on exige qu'il soit construit exclusivement sur la base de ce qu'on appelle les faits acquis, est une entreprise prématurée dans l'état actuel de nos connaissances, mais qui le sera encore pendant bien des siècles, pour me montrer modéré dans mes expressions et pour ne pas dire pendant l'éternité ».

M. de Rosny parle incidemment de la doctrine de Charles Darwin, mais, tout en rendant hommage à son ingéniosité, il dit qu'elle a été acceptée par les sociétés savantes et par les académies, « uniquement parce qu'elle a été jugée nécessaire pour disputer à l'aise sur les lois fondamentales de la nature ».

Le Maître poursuit sa thèse et pose ce principe, ou mieux cet ensemble de principes :

« Le point capital est de bien distinguer les *lois* dont l'énoncé dépend de la méthode conscientielle, du travail de notre organisation intime, du criterium intérieur, — et les *manifestations* qui sont du ressort de l'expérience et de l'observation.

« Si l'on se forme au début, — à l'aide du seul concours de notre raison pondérée par les revendications de notre conscience, — une idée du *nécessaire*, où si l'on préfère du *bien* absolu dans la Nature, le rôle du travail conscientiel et celui des sens seront aisément distingués, précisés. Je m'occuperai plus loin des caractéristiques du « Bien » et du « Nécessaire », et je démontrerai, j'en ai la ferme confiance, qu'il existe un « Bien absolu », et par conséquent une « Morale absolue », c'est-à-dire une morale indépendante de toute condition de temps, de mode et de climat. Pour l'instant, Il me suffit de considérer comme axiome la déclaration suivante, qui se rattache à cette manière de voir :

« Tout ce qui est en désaccord avec la notion du « Bien absolu » ou du « Nécessaire », notion que nous pouvons acquérir par le double verdict de notre raison et de notre sentiment conscientiel, doit être réputé faux et inadmissible ».

J'ai déjà prévenu que le Maître pousse le scrupule jusqu'à la minutie. C'est même une de ses principales forces et une des garanties de la solidité de sa doctrine. Aussi fait-il ses réserves immédiatement après les lignes précitées.

En effet, il dit nettement ceci :

« Cet axiome, une fois formulé, peut être, comme toute formule générale émise d'après les principes de la méthode conscientielle, soumis au contrôle de l'observation ; mais le contrôle ne saurait être effectif que sous certaines garanties. Si ce contrôle proteste contre la formule émise au moyen de la méthode conscientielle, l'erreur ne peut résulter que des termes employés pour exprimer cette formule : c'est aux imperfections du langage qu'il faut seules reprocher l'insuccès du contrôle. En ce cas, la formule doit être examinée de nouveau, soumise au criterium intérieur ; et cela, — comme j'ai déjà eu l'occasion de le dire, — jusqu'à ce que l'accord soit établi. Tant que cet accord n'est pas établi, il faut considérer le problème comme une cause en instance, comme une question *sub judice* ».

Poursuivant à grands traits l'exposé de sa doctrine, le Maître nous dit : « La Loi suprême de la Nature universelle, ne peut être que le Bien et la Logique. Cette loi ne serait pas bonne, elle ne serait pas logique, si les éléments constitutifs de la Nature universelle n'avaient pas, d'une façon plus ou moins rudimentaire, la conscience de ce que doit être cette loi, c'est-à-dire le Bien, et s'ils n'agissaient en conséquence ».

Ici, M. de Rosny se pose cette question : Comme il est évident que les forts vivent aux dépens des faibles et les détruisent, à quoi peut répondre le principe de destruction dans la Nature ? Sa réponse est ample et magistrale. Je vais la résumer dans la partie qui peut le supporter. Je reproduirai textuellement celle que l'analyse altérerait fatalement:

Les agrégations vitales, dit le Maître, n'ont de motif d'exister qu'autant qu'elles collaborent à l'œuvre évolutive des mondes. Lorsqu'un être a accompli sa mission et qu'il ne peut plus servir, il est logique qu'il soit supprimé. Cette nécessité ne doit pas choquer l'être réfléchi qui comprend la nécessité de s'associer de plus en plus au grand travail de la Nature universelle. Toute agrégation est fatalement destinée à se désagréger, mais la désagrégation n'est pas l'anéantissement, puisque rien ne se détruit dans la Nature. Nous savons, en outre, que toute désagrégation est, à l'instant même où elle s'est accomplie, le signal d'une agrégation nouvelle. Et le Maître conclut, sur ce point : « Le sentiment qui fait protester contre la mort n'est donc qu'une simple résultante de notre ignorance ou plutôt du laisser-aller de notre esprit ». Et il ajoute : « La concurrence vitale, loin d'être une infamie dans la Nature, est plutôt un bienfait ; car c'est un bienfait pour le travail que d'être repris en sous-œuvre lorsqu'il n'a pas été commencé dans des conditions voulues pour le succès ».

Répondant à l'objection tirée de ce qu'à côté d'un ordre merveilleux, il existe, dans la Nature, le plus odieux des désordres, M. de Rosny s'exprime ainsi : « Si, au lieu de faire dépendre la Nature universelle des besoins de l'homme, et de ses ambitions plus ou moins justifiées, on fait au contraire de l'homme un organisme soumis aux intérêts et à la fin logique de cette nature, ce qui nous semblait désordre dans l'orbite de révolution des espèces, devient au contraire une conséquence nécessaire des exigences du grand Tout.

« D'ailleurs ce qu'on peut appeler « désordre » dans la Nature, n'est désordre que relativement aux agrégations individuelles qui s'affirment à peine pendant quelques instants par une existence éphémère ;

tandis que l'ordre est absolu relativement aux nécessités impersonnelles de l'univers. Il n'y a donc, pour l'univers, que des lois conséquentes et harmoniques ; et, s'il y surgit des accidents, ces accidents ne s'appliquent qu'aux manifestations personnelles qui, elles-mêmes, ne sont rien autre chose que des accidents. Je n'ai pas à traiter ici la question de savoir s'il est possible aux manifestations personnelles d'échapper aux conséquences de leur caractère d'accident ; mais je tiens à dire qu'il y a là un beau et magnifique problème, qu'il appartient à l'esprit philosophique moderne de poser et probablement de résoudre ».

Ensuite, notre auteur définit et explique, ainsi qu'il l'avait annoncé, ce qu'il entend par *manifestations*. « Les *manifestations*, dans la Nature, dit-il, sont les formes appréciables par les sens, qui résultent des lois de la Nature et qui ont pour mission de collaborer à son œuvre. Cette œuvre devant être en finalité la résultante de la coopération de toutes les parcelles du grand Tout, chacune de ces parcelles — monades ou atomes, comme il plaira de les dénommer — a pour mission d'acquérir la plus grande somme de perfectibilité dans la voie évolutive où elle s'est engagée ; et le but suprême de la Nature universelle est de devenir elle-même la synthèse tout à la fois unique et multiple des innombrables éléments de perfection qui sont sortis de son sein à l'état d'embryon ou de devenir ».

L'exégèse de la *Méthode conscientielle* proprement dite finit, en réalité, avec le chapitre que je viens d'examiner. Les deux suivants s'occupent seulement de passer en revue, sommairement, une partie des conventions, des hypothèses et des systématisations que les hommes ont été dans la nécessité d'adopter jusqu'à présent, soit pour tâcher de s'expliquer ce qu'est l'Univers et quelle est sa fin dernière, soit pour essayer de justifier les suppositions qu'ils avaient faites à ce sujet. L'avant-dernier chapitre traite encore de vues philosophiques propres — du moins en partie — à M. Léon de Rosny. Enfin le chapitre douzième et dernier porte un titre d'une heureuse originalité *(De l'Hygiène intellectuelle)* et couronne dignement l'ouvrage en présentant quelques aperçus très particuliers et appartenant bien exclusivement à ce que le Maître a désormais le droit incontestable d'appeler son École.

Je vais abstraire la quintescence — pour employer une expression rabelaisienne — de ces quatre derniers chapitres. Au début de celui qui a pour titre « Conventions et hypothèses », M. de Rosny dit : « La Science, par nécessité, admet des conventions et fait usage d'hypothèses. La Méthode détermine dans quel cas les conventions et les hypothèses sont légitimes ; elle fixe en outre des limites à leur champ d'action et à leur emploi ». Puis il s'élève contre l'abus des classifications appliquées aux choses de la Nature. Et il les déclare funestes lorsqu'elles interviennent dans le champ des recherches de l'ordre rationnel, parce qu'il est rare qu'elles ne faussent pas les idées en leur imposant des bornes absolument artificielles et fantaisistes. Les conventions ne peuvent donc être tolérées qu'à la condition de ne leur attribuer qu'un caractère absolument provisoire et en évitant de se méprendre sur le motif qui les a fait imaginer.

Notre auteur fait ressortir que c'est par l'abus des classifications qu'on avait admis l'existence de plusieurs *règnes* dans la Nature et même deux natures : la Nature organique et la Nature inorganique. La délimitation des *règnes* est abandonnée tout au moins en philosophie, tandis que la division en deux natures commence à peine à être ébranlée et, dit textuellement M. de Rosny, c'est probablement à M. Berthelot que reviendra l'honneur d'avoir donné le coup de grâce à un vieux préjugé qui a causé bien plus de mal qu'on ne le pense au progrès des sciences naturelles. Aussi M. de Rosny est-il d'avis de faire disparaître la mention de deux natures dans l'échelle des êtres et il avertit que, dans sa manière de voir, le mot « êtres » s'applique aussi bien aux minéraux qu'aux végétaux et aux animaux. Mais il consent à maintenir l'expression de « règne », quand on se propose d'effectuer un classement des manifestations naturelles, pourvu qu'il soit bien entendu qu'il s'agit d'un terme purement conventionnel, imaginé à seule fin de faciliter l'énonciation de certaines particularités typiques en histoire naturelle.

Mon travail étant essentiellement — exclusivement même — une œuvre de vulgarisation, et mon but l'inoculation, si je puis m'exprimer de la sorte, des principes fondamentaux de la doctrine de M. Léon de Rosny, dans les cerveaux de moyenne envergure, sinon dans les plus débiles, je passe certaines pages, profondes et savantes, comme toutes celles qui s'épanchent de celui du Maître, sans les analyser, parce qu'elles ne contiennent rien d'essentiel. Mais quand je rencontre, au milieu de brillantes variations, une règle nettement définie, je la dégage et la présente. Fidèle à cette coutume, j'extrais de la page 107 les lignes que voici : « Lorsqu'il s'agit de discuter un fait ou une idée, il faut s'attacher tout d'abord à bien définir ce fait ou cette théorie, et ne consentir à entrer dans l'arène de la discussion que lorsqu'il est hors de doute, que, de part et d'autre, on attachera aux mots employés une signification absolument identique ».

Après avoir exposé, avec le développement que le sujet comportait, qu'à une époque les naturalistes avaient songé à définir un quatrième règne de la Nature — le « règne Humain » — et que cette idée avait été abandonnée parce que l'esprit religieux s'en était mêlé, d'où désaccord complet entre les savants, suivant que les uns étaient croyants et les autres libres-penseurs, M. de Rosny s'exprime ainsi :

« Ce règne Humain, j'ai dit autre part qu'il me paraissait nécessaire de l'admettre dans les classifications en histoire naturelle. Voici en quels termes : Il est une prérogative bien autrement considérable, bien autrement glorieuse, qui appartient au premier être de la création, et en vertu de laquelle un abîme se creuse, entre lui et la brute. Cette prérogative, c'est le sentiment conscientiel de la *continuité* dans l'exercice de sa pensée, et de ses desseins. En d'autres termes, l'Homme possède la notion du progrès, il ambitionne le progrès, il le poursuit sans relâche, et la mort elle-même est impuissante à arrêter le développement de son œuvre, dont IL LÈGUE LA CONTINUATION à ses fils et à ses successeurs (action traditionnelle). Et un peu plus loin, j'ai ajouté : « Je juge, quant à moi, cette caractéristique de l'homme bien autrement péremptoire que toutes les particularités dont on s'est contenté pour établir une ligne de démarcation entre le domaine de l'Animal et celui de la Plante (1). D'ailleurs,

---

(1) *Premières notions d'Ethnographie générale*, p. 29. — On a soutenu que le progrès existait chez les animaux. J'enregistre

quelle serait donc la signification d'un système de classement des êtres qui n'aurait pas pour effet de mettre en lumière les qualités essentielles qui révèlent le rouage principal de leur évolution ? Or, l'Homme ne serait plus l'homme, si la faculté du progrès lui était retirée ; tandis que les animaux sont toujours des animaux, bien que leur existence n'ait point subi de modification importante depuis les temps les plus reculés de l'histoire jusqu'à nos jours ».

M. de Rosny constate que si la ligne de démarcation entre le « règne » animal et le règne végétal n'a rien de réel, un abime sépare celui-ci du « règne » minéral, et semble rendre impossible à tout jamais l'idée unitaire et transformiste dans la nature.

Ici, je suis dans l'obligation de citer textuellement un assez long passage du livre :

« Eh bien ! en présence de cette donnée qui détruit, dans l'univers, l'unité et que tant d'autres motifs nous invitent à admettre en principe, une hypothèse est peut-être nécessaire ; et cette hypothèse, comme j'ai eu l'occasion de le dire, est légitime, pourvu qu'on lui conserve son caractère tant que la démonstration ne sera pas survenue. Cette

---

cette opinion sans examiner, pour le moment, dans quelle mesure il y a lieu de s'en préoccuper.

hypothèse est appelée, je crois, à dissiper en partie l'obscurité qui environne le problème de la séparation des natures organique et inorganique. Je vais tenter de la formuler :

« Si nous admettions un instant qu'il n'a jamais été question de règne minéral, qu'en résulterait-il pour la science ? — Il en résulterait l'obligation de classer des choses non encore classées, qui ne sont ni des animaux, ni des végétaux, mais qu'il n'est pas absolument indispensable de ranger en même temps et dans la même série que les animaux et les végétaux, parce que ces choses sont, comme on le reconnaît d'ailleurs, d'une nature ou mieux d'un genre différent. On peut faire en ce monde toutes sortes de classifications, sans qu'il soit obligatoire que les unes soient solidaires des autres. Et parce qu'on ne joindrait pas, à la classification des animaux et des végétaux, celle des langues, des flûtes, des médailles et des timbres-postes, je ne vois pas bien que l'histoire naturelle ait beaucoup à souffrir de cette omission. Je crois même qu'on n'aurait nullement à la regretter, et que tout, au contraire, le système de la Nature deviendrait moins énigmatique par suite de cette nouvelle manière de procéder ».

« La conséquence d'une telle déclaration, voici comment je crois devoir la formuler :

« Les substances inorganiques ne sont rien

autre que la matière infinie, indestructible, éternelle. Les agrégations organiques (animaux et végétaux) sont la mise en œuvre de cette substance.

« Bref, il n'y a qu'une Nature, et sa domination autocratique n'admet qu'un royaume et qu'un règne. La plante n'est pas étrangère à la vie animale; et, dans toute manifestation cosmique, il existe simultanément *la vie* animale et la *substance* minérale ou matière (1). Rien de plus. On sait,

---

(1) Voici un tableau qui donnera une idée de l'application de ces principes à quelques échelons de l'échelle zoologique (animaux et végétaux) :

UNE SEULE NATURE ET UN SEUL RÈGNE.

Manifestations vitales dans des agrégations destructibles d'éléments indestructibles (*Inorganisme*)
- à sensation, à instinct développé et à locomotion libre
  - à action traditionnelle et coopérative continuée d'âge en âge...... Homme.
  - à action temporaire non continuée d'âge en âge............... Mammifères. Oiseaux. Reptiles. Insectes, etc.
- à sensation, à instinct rudimentaire et à locomotion entravée
  - à action isolée... Mollusques.
  - à action confédérative............. Coraux. Végétaux.

Je me propose de publier ultérieurement un aperçu général des êtres de la nature dite organique, dans lequel j'indiquerai les particularités caractéristiques des différents ordres que je n'ai pu mentionner ici que d'une façon fort incomplète et en

par exemple, que la germination des végétaux est impossible dans un sol privé de micro-organismes. Donc la vie végétale procède de la vie animale. Dans les deux cas, il n'y a là encore, comme en toutes choses dans la Nature, que du plus ou du moins; les différences et les écarts indiquent bien mieux des périodes dans la voie du devenir que des règnes caractéristiques et distincts, à un moment déterminé de la durée des temps ».

M. de Rosny aborde le phénomène de la « double conscience ». Comment expliquer, dit-il, ces êtres chez lesquels le « moi » se manifeste de plusieurs façons essentiellement distinctes; et quelles idées peut-on se former de l'individualité en présence de tels accidents ? Avec la théorie des épicaloumènes et des symplérômes, les exemples de double conscience loin d'être un embarras pour la Science, un fait anormal ou tératologique, un mystère ou un miracle, sont uniquement des conséquences possibles et toutes naturelles de la loi générale de la constitution des êtres. L'examen minutieux d'un pareil problème m'entraînerait trop loin, fait observer le

---

négligeant des subdivisions nécessaires. Mon seul but, en donnant ce tableau évidemment trop succinct, a été d'indiquer l'intérêt qu'il peut y avoir à faire intervenir, dans les classifications d'histoire naturelle, l'idée de l'action des êtres en conformité et en vue du travail continu de l'ordre universel.

Maître. Il croit d'ailleurs que l'explication désirable frappera de suite l'esprit de ceux qui auront bien voulu réfléchir sur ce qui a été dit plus haut.

Le chapitre consacré aux systématisations, c'est-à-dire aux théories générales édifiées par certains penseurs sur les faits qui les préoccupent, met en garde contre la tentation d'adopter trop aisément ces systématisations. Leurs auteurs sont, en fait, dans la nécessité de les créer pour ne pas se perdre dans le dédale des connaissances qu'ils sont obligés d'acquérir afin de s'aider dans l'examen du grand problème de la Nature universelle. Au surplus, essayer de mettre un frein à l'ambition de l'homme qui tente de soulever le voile d'Isis et lui crier le « on ne va pas plus loin », c'est prêcher vainement la révolte contre le sentiment le plus enraciné dans le cœur humain.

Incidemment, M. de Rosny dépeint à grands traits la doctrine de Charles Darwin. Il rend justice à celui-ci en ces termes : « En homme supérieur qu'il était, il employait toutes ses forces, consacrait toutes ses veilles à se faire pardonner, par des recherches rigoureusement scientifiques, le caractère romanesque de son ouvrage capital. Il est resté, de la sorte, tout à la fois grand naturaliste et grand romancier ». Et plus loin : « Sa tâche devait constituer un énorme progrès dans le domaine de la philosophie, — son idée, découvrir des horizons immenses à la juste curiosité du chef de la création ».

Parlant de lui-même, moi aussi, dit le Maître, je crois intéressant de poursuivre ou de renouveler l'œuvre d'une systématisation générale des lois de la Nature. Quelques-uns des résultats auxquels j'ai la confiance d'être parvenu me semblent dignes de l'attention et de la critique des hommes d'étude. C'est à ce titre que j'espère l'indulgence de ceux qui ont beaucoup cherché et qui ont beaucoup réfléchi. Cette indulgence, on ne saurait la refuser, je pense, à ceux qui n'ont pas reculé devant le labeur quelque étendu qu'il soit, et qui l'ont toujours entrepris de bonne foi.

J'ai déjà dit, et même répété, que mon but était de faire comprendre à tous la *Méthode conscientielle*. Pour y parvenir, je m'attache à n'user que d'expressions connues ; et lorsque je suis dans la nécessité d'en employer une qui ne l'est pas, je l'explique. A la page 132, que je viens de résumer, M. de Rosny dit que quelques-uns des résultats auxquels il est parvenu lui semblent dignes de la critique des hommes d'étude. Le mot « critique » étant universellement employé, par la masse du public dans le sens de « blâme », je crois indispensable de rappeler que, dans l'esprit des gens d'étude, des savants en un mot, la critique d'un ouvrage, d'une idée, d'un système, etc., c'est l'examen attentif et détaillé de cet ouvrage, de cette idée, de ce système, etc., et la discussion de leur valeur, — en d'autres termes, l'énoncé des raisons qui militent pour et contre, mais que l'idée de blâme ne s'y mêle pas nécessairement.

M. de Rosny énumère rapidement quelques-unes des systématisations qui ont successivement tenté de formuler les lois de la Nature, et il dit ceci : « Tous ces concepts de la pensée philosophique ont montré le progrès incessant de la recherche humaine et donné confiance dans l'avenir. Il n'en est aucun cependant qui ait servi d'une manière plus constante, plus continue, que celui qui s'est traduit par ces mots sans cesse répétés : « L'Unité est la « loi fondamentale et la loi suprême de la Nature ». Et ce concept, conclut le Maître, justifié de jour en jour par les découvertes de l'observation et de l'expérience, est incontestablement issu du travail exclusif de notre organisation intime! ».

Voilà donc un point nouveau bien précisé : Le sentiment de l'unité, dans la Nature, est dû à une révélation intérieure. Les arguments qu'on invoque contre cette réalité, seront tôt ou tard renversés. Et le Maître déclare avec cette haute autorité qui émane de la plupart de ses assertions : « Il n'y a pas de science sans réflexion; et la réflexion, formule suprême de l'individu, est attachée par des liens occultes aux exigences imprescriptibles de la Nature universelle ».

M. de Rosny dit encore : « L'idée que les êtres du règne animal — le seul qui doive subsister en philosophie — ne sont rien autre que des agrégations destructibles d'éléments indestructibles, suffit, ce me semble, pour ouvrir de nouveaux horizons, et peut-être pour permettre d'entrevoir la solution du grand problème de l'existence..... Cette idée nous démontre le mode de solidarité qui préside à l'évolution des êtres et la manière suivant laquelle ces êtres arrivent à se produire et à se compléter ; en d'autres termes, comment un individu parvient à accomplir d'une façon plus ou moins parfaite le total du progrès qu'il est susceptible de réaliser, et comment les éléments constitutifs de sa manifestation réussissent à leur tour à se transformer et, par le moyen d'agrégations nouvelles, à servir, dans les conditions voulues, au travail ininterrompu de la Nature ».

Je retiens aussi cette énonciation : « De même que les conditions agrégatives de la matière se modifient par le contact, les conditions de l'esprit se modifient par les tendances altruistes ». M. de Rosny se demande s'il ne conviendrait pas d'adopter, pour désigner ces phénomènes en général, la dénomination de *Loi des attractions assimilatives*. Et il fait observer que cette loi a pour corollaire, c'est-à-dire pour conséquence indispensable, la *Loi des compensations réciproques*.

Notre auteur, avant de terminer ce chapitre, présente quelques considérations neuves et très profondes sur « la mort et les métamorphoses qui en sont la suite ». Ces métamorphoses, fait-il remarquer, bien difficiles à comprendre quand il s'agit de la substance matérielle des corps, sont jusqu'à présent inextricables quand il s'agit de la pensée et de ses attributs ». Il est convaincu que la lumière se fera, à ce sujet. Vers la fin, M. de Rosny dit ceci : « C'est le cas d'admettre un roman et de réfléchir sur ce qu'il peut avoir de réel ». Puis, appliquant au phénomène de la mort sa théorie de la composition des êtres, il dit qu'au moment même de la mort se produit la désagrégation et tout aussitôt la réagrégation. Chaque symplérôme fait alors acte d'épicaloumène et, en vertu de la loi des attractions assimilatives, doit tendre à retourner dans un milieu concordant avec celui qu'il a abandonné. « Si l'épicaloumène, en sa qualité de centre attracteur, dit textuellement le Maître, est entré dans un organisme insuffisant pour ses qualités acquises, il fait de continuels efforts pour en sortir. Il en sort soit par sa transformation en substance respirable, soit par sa transformation en matière nutritive (?) Une fois absorbé par un être en rapport avec sa somme de développement, il acquiert la qualité ou plutôt les conditions de germe. La génération l'émancipe. Il reprend la place à laquelle il a droit. Si la génération ne s'est pas opérée de façon à lui garantir la puissance évolutrice et progressive à laquelle il a droit, l'épicaloumène n'arrive pas à réunir ses symplérômes. Il est mort-né. Mort-né, le travail de désagrégation et celui de réagrégation se renouvellent ; et cela autant de fois qu'il est nécessaire pour que les choses se trouvent replacées dans l'état normal ».

« Une telle théorie serait regrettable, en ce sens qu'elle ne donne pas une satisfaction suffisante au sentiment profond de notre individualité. Il n'est cependant pas impossible que nous nous fassions illusion à nous-mêmes, quand nous ambitionnons une conservation sans cesse plus considérable de la vie. Le motif qui nous fait tenir énormément à la vie, c'est l'insignifiance de sa durée si on la compare, non pas avec l'infini qui nous échappe, mais avec l'œuvre des périodes historiques antérieures à nous ; c'est le besoin de poursuivre l'achèvement d'une tâche proportionnée avec l'étendue de notre conception, mais qui exigerait pour être accomplie plus de temps que n'en comporte la plus heureuse longévité. Pour les âmes fortes, jamais la mort n'a été entrevue avec terreur, lorsque des circonstances favorables leur ont permis de parcourir une carrière en rapport avec la portée de leurs vues et de leur conscience.

« Autant il serait déplorable de confondre de telles hypothèses avec les résultats réellement acquis à la science, autant il serait fâcheux de ne pas voir dans ces mêmes hypothèses des motifs de recherches et de réflexion. Je crois donc qu'il y a plus d'avantages que d'inconvénients à admettre les systématisations, pourvu toutefois qu'on ne se méprenne point sur leur rôle et sur leur caractère. Dans toutes les branches des connaissances humaines, les systématisations occupent une place bien autrement large qu'on ne consent d'ordinaire à l'avouer. Elles ne sont pas une cause de mal : le mal vient du manque de franchise de ceux qui les formulent et qui font des efforts peu édifiants pour faire passer des suppositions pour des vérités ».

Le lecteur me rendra certainement cette justice que je fais, en général, des citations textuelles avec sobriété, et il conviendra que celle qui précède était indispensable pour bien faire connaître la pensée du Maître sur la question traitée.

Au début du chapitre XI, M. de Rosny déplore que le mot « morale » signifie deux choses différentes : « La Morale relative » et « la Morale absolue ». Il rappelle que les uns n'admettent que la première, tandis que les autres ne croient qu'à la seconde. Quant à lui, il croit qu'il y aurait beaucoup plus de raison de ne reconnaître que cette dernière.

Voici — sauf quelques coupures sans importance, afin d'éviter des longueurs — comment notre auteur définit la *morale relative* : « Elle résulte d'une convention conclue sous certains climats et à une époque déterminée; elle est la conséquence de l'état intellectuel d'un peuple à une période plus ou moins avancée de son éducation sociale. Les révolutions, dans la politique et dans les idées, peuvent la modifier de fond en comble. Souvent la Morale relative est un instrument de domination dont les gouvernements ne consentent à se dessaisir que lorsque le progrès des idées leur a rendu toute fin de non recevoir impossible. Les changements dans la Morale relative n'aboutissent d'ailleurs à des résultats solides que lorsqu'ils se produisent au milieu d'une société dont tous les membres ont acquis une quotité à peu près équivalente d'instruction primaire. Certains progrès ne pourront même s'accomplir d'une façon durable que lorsqu'il n'exitera plus dans l'humanité de peuplades sauvages ou barbares ».

Un peu plus loin, le Maître s'exprime ainsi, en substance :

« Il semble tout d'abord qu'à l'aide de la *Méthode conscientielle* il soit facile de déterminer les conventions morales qui doivent être extirpées aussitôt que possible du sein des nations civilisées. En théorie, oui ; mais le bon sens exige qu'on tienne compte des conditions d'époque et de milieu ; il faut donc éviter des innovations trop rapides. Si le sentiment prérationnel suggère des mesures extrêmes, dans le but de faire disparaître en une fois les erreurs accumulées pendant des siècles, la raison, qui contrôle, modère les revendications trop impatientes ou tout au moins prématurées de la conscience intime. Ce n'est pas, toutefois, un motif pour s'abstenir de faire, en vue de l'avenir social, une étude approfondie des modifications à effectuer dans les conventions morales. En tout cas, il serait fort impertinent de prétendre réformer les mœurs si l'on n'a pas, à l'avance, élaboré dans son ensemble un programme social et établi qu'au dessus de la morale relative ou conventionnelle il existe une morale absolue et indiscutable ».

M. de Rosny répète ici une définition qu'il a déjà donnée dans cet ouvrage : « La Morale, qui est la pratique du Bien, est la subordination aux lois de la Nature universelle ». Et maintenant il appuie cette définition par cette affirmation : « En dehors des cas où il s'agit de cette subordination, il n'existe, il ne peut exister qu'une morale relative et à peu près complètement aléatoire ».

« Ce qui a fait contester l'existence d'une Morale absolue, c'est l'incertitude sur ce que doit être la chose qu'on appelle « le Bien ». Avec la définition que j'ai choisie, cette incertitude ne peut durer un seul instant. — Le Bien, c'est la loi générale qui préside à toutes les évolutions de la Nature universelle. Et cette loi, nous ne pouvons l'ignorer tout au moins dans sa forme essentielle et rudimentaire, — parce qu'elle se manifeste sans cesse chez l'être réfléchi lorsqu'il tient compte des aperceptions primordiales qui caractérisent le jugement prérationnel. Je ne veux pas dire par là que la notion du Bien absolu ne puisse se développer en nous à un plus ou moins haut dégré ? Assurément non ; car si nous arrivions à la posséder d'une manière complète, nous aurions par cela seul découvert la vérité tout entière et il ne nous resterait plus rien à chercher. Je crois, en effet, qu'il en est du Bien comme du Beau et du Vrai : par une bonne méthode philosophique, on parvient à en acquérir un sentiment juste et incontestable ; mais ce sentiment est susceptible de devenir de plus en plus large, de plus en plus compréhensif, sans cependant changer de caractère. Voir juste avec un horizon étroit, ou voir juste avec un horizon étendu, c'est toujours voir juste ; néanmoins, ce n'est pas précisément la même chose. Cette manière d'envisager le problème réserve, il me semble, deux conditions essentielles dans le travail de l'esprit : la condition de certitude et la condition de progrès.

« Si l'idée d'une Morale absolue a pu rencontrer des contradicteurs, cela vient uniquement de ce qu'on ne s'est pas attaché à lui donner pour base exclusive la satisfaction des exigences de la Nature universelle. Toute théorie générale qu'on essaiera d'établir sur d'autres assises ne saurait être solide, et cela par une bonne raison : c'est qu'en dehors des exigences de cette Nature universelle, il n'existe en réalité que des phénomènes accidentels qui n'ont rien de positif ni de durable. La faute est presque toujours de procéder en vue de l'individualité, sans tenir assez compte des liens étroits de l'individualité avec le grand Tout ».

. . . .

« La subordination absolue de l'individualité aux lois de la Nature universelle, lorsqu'elle est bien comprise, n'est en rien contraire au désir si enraciné dans le cœur humain de participer à la plus large part de jouissance. Seulement, il faut songer que ce qui est jouissance pour l'être inférieur, pour l'enfant, n'est pas toujours jouissance pour l'être supérieur, pour l'homme. Ce qui est jouissance pour l'homme esclave de la routine peut, de même, ne pas être jouissance pour l'homme émancipé ».

Incidemment, M. de Rosny émet l'opinion que le Mensonge est un crime et, par conséquent une violation de la Morale absolue, lorsqu'il nuit aux intérêts de la Nature universelle, lorsqu'il revêt le caractère d'une tromperie.

Le cadre que mon rôle, dans la précédente étude, m'a nécessairement tracé, ne me permet point — je l'ai déjà dit et répété — de suivre pas à pas notre auteur. Je suis dans l'obligation d'omettre parfois de commenter certains passages du volume. Mais je répète aussi que ces passages, quoique importants, ne contiennent rien de fondamental touchant la doctrine du Maître. Tels sont les passages relatifs à la Pudeur, aux rapports sexuels, à l'institution du mariage, à la femme en général, questions sur lesquelles je suis d'ailleurs en communauté parfaite d'idées avec M. Léon de Rosny.

Je ne pouvais me dispenser — sous peine de laisser dans mon travail une regrettable lacune — de reproduire la flétrissure qu'inflige M. de Rosny à l'Égoïsme et les admirables définitions qu'il donne de l'Amour, du Dévouement et de l'Abnégation. Voici ces morceaux :

« La question de l'Amour, étroitement unie à celle du dévoûment, se rattache de la façon la plus intime à une formule qui doit occuper une place hors ligne dans le travail de la philosophie. Je veux parler de la formule de l'Abnégation. La plus grande des souillures de l'esprit humain, l'égoïsme, est inévitablement condamnée à disparaître du moment où il sera admis que tous les êtres *doivent* collaborer à la grande œuvre de la Nature universelle et ne rien faire autre que d'y collaborer. L'égoïsme devient un non-sens, là où disparait la notion de l'individualité. L'amour, au contraire, est la participation la plus directe, la plus féconde qu'on puisse imaginer à l'œuvre du grand Tout. Le dévoûment, c'est la subordination « du moi » à la cause éternelle durant cette participation ; l'abnégation, c'est l'évanouissement suprême de la personnalité.

« Un principe moral qui s'attache ou s'identifie à l'idée d'amour n'a rien à redouter des caprices du temps : il est respecté sous toutes les latitudes. Qu'on me cite un seul peuple où le dévoûment ne soit pas regardé comme le Bien, et je reconnaîtrai l'inexactitude de mes principes. Un tel exemple est introuvable dans le monde entier ; et je nie que le plus horrible des malfaiteurs puisse avoir lui-même une manière de voir différente. Là est la Morale absolue, l'assise inébranlable sur laquelle doit être fondée la notion réelle et définitive du Bien, du Beau et du Vrai ».

Le dernier chapitre a pour titre : DE L'HYGIÈNE INTELLECTUELLE :

« L'Hygiène intellectuelle, qui a pour but de maintenir la sanité de l'esprit, ne constitue pas les ressorts de la pensée ; mais elle leur donne la somme entière de puissance qu'ils sont susceptibles d'acquérir..... Le penseur doit s'attacher à la bonne culture de son esprit et savoir comment il faut le cultiver. Les forces intellectives de l'homme sont étroitement associées à sa constitution matérielle ; il ne doit donc songer à les mettre en œuvre qu'en tenant compte non seulement des facultés de son organisme, mais encore des influences extérieures qui peuvent modifier, améliorer ou altérer cet organisme. Nul ne s'aviserait de contester que les intuitions ne se produisent que dans des centres bien préparés pour leur éclosion, que leur portée dépend souvent de l'état de ces centres d'éclosion, et que, pour prendre forme, elles ont besoin du concours de tous les auxiliaires de l'économie physique ».

Plus loin, le Maître s'exprime ainsi : « Pour résoudre les plus hauts théorèmes de la philosophie, on ne saurait trop assurer au milieu dans lequel se développe la pensée, les conditions les plus avantageuses. Les limites de la pensée s'élargissent au fur et à mesure que le milieu devient plus propice. Il faut donc s'attacher aux principes de l'hygiène de la pensée, comme on s'attache aux principes de l'hygiène du corps ».

Les pages qui viennent ensuite sont consacrées à des considérations sur la relation qui existe entre l'état physique du corps et les dispositions plus ou moins favorables de l'esprit à émettre la pensée.

Elles rappellent aussi les habitudes de quelques écrivains, au point de vue de la position qu'ils avaient adoptée pour se livrer au travail ou des heures de la journée ou de la nuit qu'ils préféraient à cet effet.

Le livre se termine par quelques aperçus touchant la liberté chez l'être pensant. Et sa dernière ligne est un appel à « l'accord du Sentiment conscientiel avec la Raison ».

M. de Rosny est un des plus grands penseurs de notre époque ; son activité cérébrale est prodigieuse, et c'est bien de lui qu'on peut dire à la lettre que son cerveau est constamment en ébullition. Aussi je puis proclamer bien haut que si, dans ses profondes conceptions, il n'a pas atteint la vérité philosophique absolue — ce que d'ailleurs la mise en pratique de sa *Méthode* pourra seule décider —, c'est peut-être lui qui, de tous les philosophes anciens et modernes, dans le monde entier, s'est le plus approché de ce pôle de l'Idée.

INDEX

La Méthode conscientielle. — Origine de l'ouvrage...	1
Du criterium scientifique et de la mesure dans laquelle peut être acquise la certitude....................	9
Transformation de la doctrine de Claude Bernard.....	23
De la Nature universelle............................	25
Des forces morales cosmiques......................	33
L'Instinct...	46
La Révélation intime..............................	48
De la Liberté et des idées préconçues..............	52
De l'Observation et de l'Expérience................	59
Les Règnes dans la Nature et le Règne humain.......	74
La double conscience..............................	80
La doctrine de Charles Darwin.....................	81
La Morale relative et la Morale absolue............	88
De l'hygiène intellectuelle........................	93

FIN

E. DANGU, imprimeur de l'Alliance Scientifique, à Saint-Valery-en-Caux.

Publications de M. Bourgoint-Lagrange

Échos de l'Esprit moderne. — Un vol. in-8°.
Le Livre des Jeunes Gens. — Un vol. in-8°.
Aperçus politiques. — Un vol. in-8°.
La Séparation de l'Église et de l'État. — In-8°.
Les Montagnards et les Girondins. — In-8°.
Un Paysan et son Curé. — In-8°.
Le Bouddhisme Éclectique, 8e édition, *Paris*, 1899. — In-8°.
Lettre a un Prêtre sur l'Agitation ultramontaine. — In-8°.
Napoléon III et Machiavel. — In-8°.

La Fille du Bourreau, conte arabe inédit.
Les Deux Ours, petit conte en vers.
Le Pot-au-feu manque de bras.
La Procréation des Sexes.
L'Université Colombia à New-York et l'Évolution de l'Enseignement.
La Protection des Hommes de Science.
La Réforme de l'Ortographe.
La Propriété littéraire et la reproduction des articles de journaux.
Le Chabé.
Les Patois français.
La Conservation des Langues et des Patois.
L'Infériorité de la Femme.
La Prononciation du Grec.
Les Cérémonies du Mariage dans l'ancienne Gascogne.
Ethnographie Landaise.
Les Funérailles dans les Landes de Gascogne.
Le Captalat de Buch.

E. DANGU, imprimeur de l'Alliance Scientifique, à Saint-Valery-en-Caux.

www.ingramcontent.com/pod-product-compliance
Lightning Source LLC
Chambersburg PA
CBHW070526100426
42743CB00010B/1969